砂古口早苗
SAKOGUCHI Sanae

SASAKI Takamaru

起て、飢えたる者よ
〈インターナショナル〉を訳詞した怪優★佐々木孝丸

現代書館

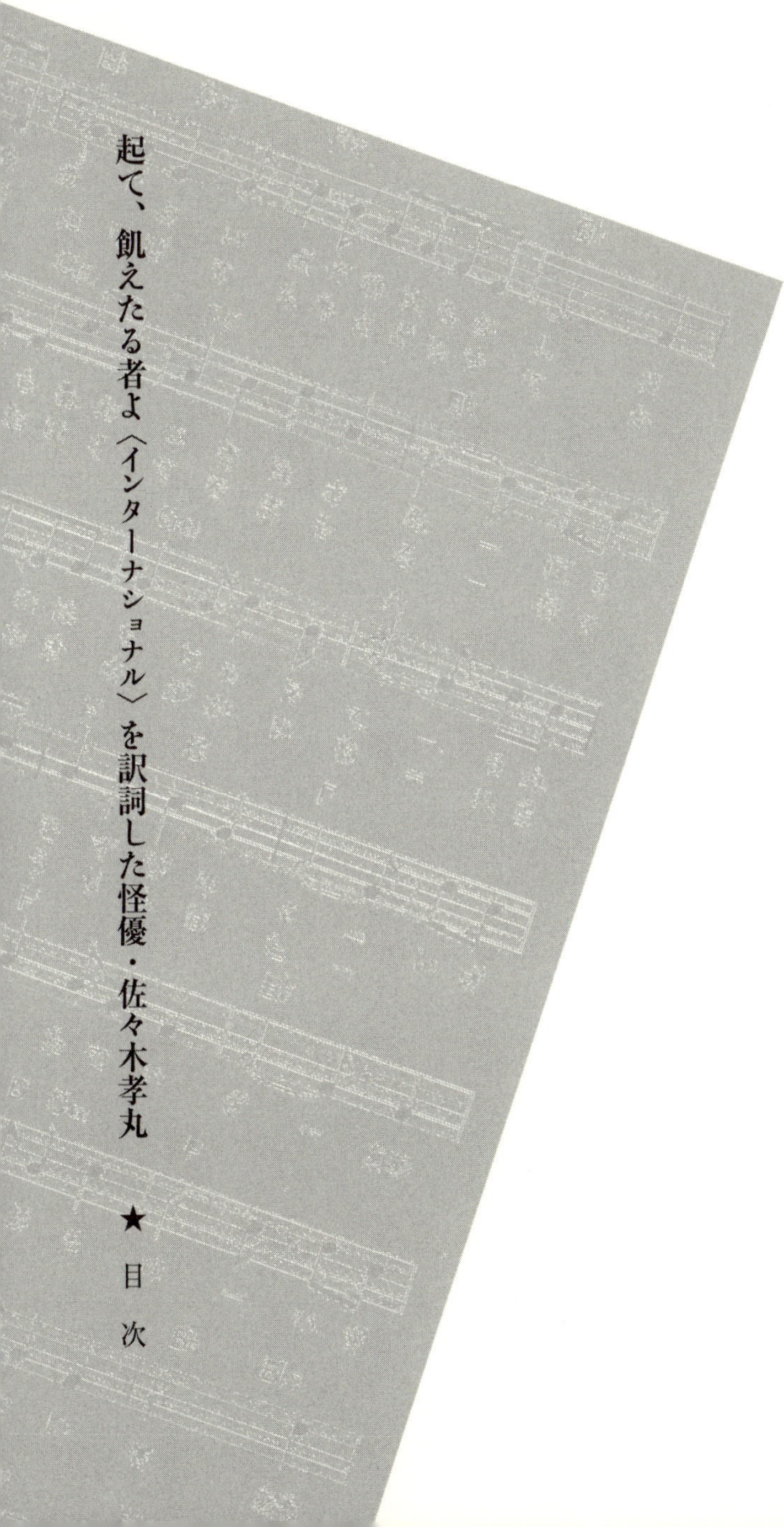

起て、飢えたる者よ〈インターナショナル〉を訳詞した怪優・佐々木孝丸

★

目次

序章　敗北者の逃走

とにかく渋い。声がいい。風格がある。深みがある。そして何より、眼差しだけで人を委縮させる。誰も寄せつけず、利己的で貪欲でドロドロした権力欲と支配欲の果てにたどり着いたような虚無感を漂わせる。だからといって、見るからに邪悪で悪魔のような様相の持ち主というわけでもない。悪徳と破滅の気配は消され、逆に豊かな人生経験と教養を感じさせ、懊悩を抱える知的で紳士的な風体をしている。その落差もまた魅力である。ワルで、ふてぶてしく、傲慢で、頑迷で、冷徹で、何を考えているのかわからないような陰謀を秘めた男……を演じるのが恐ろしくうまい不可解な俳優なのだ。実像は知らない。実際に会ったわけでもない。そんな謎めいた俳優をただただ謎のままに眠らせておくのはもったいないから、少しでもその正体に近づいてみたいだけである。

人がどう思おうと惚れ込んでしまった以上、ダサイとか時代後れだとか、何と言われようと今の私には馬耳東風……と開き直ってはいるものの、こんな私の気持ちをどうやったら人に伝えられるのかスコブル不安でもある。人がどう思おうとかまわないと言いながら、不安というのは矛盾している。私はただ、人々の記憶からとっくの昔に消えてしまったその〝怪優〟をここで蘇らせたいのだ。だから少しはテンションを下げて、ちゃんと説明することにする。

かつて銀幕のスターといわれる人たちがいたが、かの原節子も高倉健も冥界の人となり、少なくとも今の日本では〝絶滅危惧種〟となってしまった。その主役を張るスターの陰で、主役以上の演技力で作品をしっかり支えたのが脇役だ。私が注目したいのは、そうしたワキといわれる明治・大正生まれの俳優の多くが、大正期に誕生した左翼的な新劇運動の出身者で、戦後は商業娯楽映画の活況を支えたことである。むろん、私は彼らの新劇の生の舞台をほとんど観たことはない。戦後の数多くの映画やテレビで顔を覚え、主役以上に彼らの存在が私の脳裏に記憶として残り、やがてそのなかの一人に興味を持ち始めた。私の子供心を幻惑させたその存在感。いったいどういう俳優だろう？　それは映画『月光仮面』の赤星博士で、悪漢〝どくろ仮面〟だった。

大人になって、その俳優の過去を知って仰天した。大正十一年（一九二二年）、あの革命歌「インターナショナル」の歌詞をフランス語から日本語に訳詞した人物だったのだ。もうすでに亡くなって久しいのだが、私の思いは募る一方。名前を知っている人がどれだけいるのかまったく見当もつかないのだが、佐々木孝丸《ささきたかまる》（明治三十一―昭和六十一年）という俳優である。主役食いの名悪役。大正十一年の「インターナショナル」の訳詞から昭和三十三年（一九五八年）の〝どくろ仮面〟まで、彼の人生にいったい何があったのか。私の頭のなかで、好奇心の翼が一気に羽ばたいた。

佐々木孝丸を調べていて、あとでわかったことがある。私が佐々木孝丸に惹かれた直接の理由ではないが、重要な要因なので書き添えておきたい。それは私と同郷の香川県人だったことだ。ただ単に同じ讃岐人であるということ、それもまた私に強い親近感を抱かせた。

俳優の松本克平（明治三十八―平成七年）は演劇研究者、演劇評論家としても知られ、多くのエッセーを著した。『新劇の山脈《やまなみ》』で松本は、自らの演劇人生で知遇を得た俳優たちへの追悼文を寄せている。その名だたる俳優のなかに、佐々木孝丸もいた。松本は佐々木についてこう書き、彼を偲んでいる。

「彼はプロレタリア演劇の草分けである。新劇人の多くが良家のインテリ育ちであるのに反して、彼は通信技手から出てすべて独学であった。上京して秋田雨雀に師事し、新宿中村屋の文化サロンを経てアテネ・フランセに学び、エスペラントもマスターした。幾多の訳書も出している。（略）雑学の大家で何でも知っていた。綽名はエンサイ――エンサイクロペディアの略であった」

エンサイクロペディアとは百科事典のことだ。プロレタリア演劇、しかもその草分け、エスペラント語、雑学の大家……これだけでちょっと引いてしまったが、ひるまず前へ進もう。

佐々木より七歳年下の松本は二十四歳で早稲田大学を中退し、劇作家を志して「左翼劇場」に入った。「私が昭和四年九月、左翼劇場研究生になって最初に師事したのが佐々木孝丸であった。左翼演劇の先駆者である。もうあの錆びたドスの利いた声が聴かれないのは私にはこの上なく淋しい」

この追悼文が、松本にとって演劇の最初の師だった佐々木孝丸という人物を実に端的に表している。

佐々木孝丸にはいろいろな顔がある。編集者、翻訳家、作家、劇作家、演出家、俳優、そしてエスペランティスト。

俳優としての原点は舞台だ。新劇、それも最初は素人劇団。大正十二年春二十五歳の年、同人雑誌『種蒔く人』の仲間と作った劇団「先駆座」の旗揚げ公演で主役を演じ、作家の有島武郎に素質を見込まれて、真剣に芝居をやってみないか……と言葉をかけられて以後、演劇にのめり込んだ。大正十三年六月に小山内薫が築地小劇場を創設する前年に先駆座を創設し、やがて高鳴る労働運動などの時流に乗って「トランク劇場」を組織してそれまでの新劇とプロレタリア演劇とを結びつけたが、昭和十五年、当局の弾圧で新劇の歴史はここで一旦途絶えることになる。敗戦直後の新劇は大まかに言えば千田是也《せんだこれや》の「俳優座」と村山知義の「第二次新協劇団」へと流れざるを得ないのが運命だったが、しかし佐々木孝丸はそのどちらへも行かなかった。これが私の最大の謎だ。

戦後芸能界の光と影の構図をシビアにルポした竹中労は、『芸能人別帳』中、「怪優列伝」で何人かの怪優を取り上げているが、そのなかに佐々木孝丸はいない。小沢昭一や三國連太郎、小松方正を取り上げているのはいいのだが、とくに私が注目したのは、竹中が大物新劇俳優や新劇そのものを辛らつに批判していることだ。その著書で竹中はこう言い放つ。

「新劇のベテラン小沢栄太郎、東野英次郎などが、『劇団の借金をかえすために』必死にはたらいたなどという〝美談〟に、オレは少しも感動しなかった。ヤミクモ稼がなければ返済できぬほどの借金をこしらえやがって、バカヤロだと思っていた。芝居をやるために映画に出るという。だが、映画に出るのが忙しくて、芝居などケイコする暇もないのが新劇俳優の現状ではないか。（略）オレはそんなふうに考察し、新劇俳優に深い不信とケイベツと、反感をいだいていたのだ」

痛烈である。一九六〇年代から七〇年代にかけて竹中が書いた文章だ。昭和初期に反体制を標榜する民衆の演劇として絶頂期を迎えた新劇（プロレタリア演劇）が、長い侵略戦争の時代を経て挫折し、戦後社会のなかでも変質し、ねじれ、存在意義を失った現実に、左翼に絶望する竹中の苦々しい思いが伝わってくる。ようするに〝左〟が〝左〟に絶望したわけだ。やがて一九七〇年代になると左翼なんて死語になってしまった。戦前に左翼的な思想から生まれた新劇は戦後になって衰退し、新たに小劇場、テント劇、実験演劇を目指す若い演劇人が登場した。竹中の新劇人に対する強い不信と軽蔑は理解できないわけではないが、新劇の歴史まで全否定しているのではないと私は思う。たとえば現代の実験演劇などに、佐々木孝丸が大正時代にやった土蔵劇場や先駆座、トランク劇場や前衛座とどこか似通ったものを感じるのだ。演劇は常に新しい表現を模索しながら変貌するが、原点を顧みればその精神は不変だ。言ってみれば、社会とのつながりのなかで人々の喜怒哀楽するさまを舞台に乗せて観客に見せるという意味で、芸術であれ娯楽であれ、出来不出来は別として、新しく生まれる演劇はすべて〝新劇〟ではないか？

私は愛すべきルポライター・竹中労にもう一つツッコミを入れたい。戦前から活躍した新劇人の多くが、戦後は映画・テレビなどで活躍した。たしかに本業の舞台より稼ぎがよかったからだ。竹中には〝舞台演劇の方が上で、映画やテレビは下〟という意識があるのだ。その考えがいただけない。商業娯楽映画のどこが悪い。そこに新劇出身の俳優がいなかったら、戦後生まれの私たちはどんな薄っぺらな映画やテレビドラマを見せつけられたことか。主役スターたちの脇を彼らが固めたからこそ、戦後日本の娯楽映画にもすぐれた作品が生まれ、大衆は喜び、支持し、映画産業があれほど隆盛を誇ったのではなかったか（映画が衰退する前の昭和三十年代半ばまでだが）。俳優や多くの裏方労働者が驚くほどの低賃金で日々身を粉にして働き、娯楽映画を量産したのは、巨額の富を得る興行資本のためではなく、社会的にも個人的にも映画産業の搾取構造を俯瞰していた俳優自身の、ささやかで、したたかな反骨精神だったことは、竹中自身が嵐寛壽郎にインタビューして書き上げた名著『鞍馬天狗のおじさんは』で証明されていたではないか。

　こんなエピソードがある。昭和十年ごろ、映画はサイレントからトーキー化の波が押し寄せ、阪東妻三郎や市川右太衛門など大資本傘下のスターの独立プロダクションは経営難に陥る。スターだった嵐寛壽郎の寛プロも親会社の新興キネマから解散を通告されるが、嵐は孤軍奮闘する。しかし昭和十二年、ついに寛プロは倒産。新興キネマの京都撮影所長だった永田雅一から「従業員なんかほっといて、お前だけ来い」と言われて反発。寛プロの従業員六十余名を新興キネマに送り込むと、自身は入社を拒否した。そのときのことを森光子が竹中との対談でこう語っている。

「（略）おとなしいような顔をして、その実は大変な反逆児なんですね。永田雅一さんにさからうなんて、当時考えられないことです。それで一時にせよ映画スターやめちゃったんですからね、あの方は徹底しているんです」（竹中労著『鞍馬天狗のおじさんは』より）

　そんなアラカンを描いた竹中もまた、反骨精神の持ち主である。

佐々木孝丸の怪優ぶりを示すような舞台での演技はもはや見ることはできないが、映像でなら可能だ。戦後、彼は実に多くの商業映画に出演した。すでに五十代を過ぎて戦後最初の出演映画となった『暴力の街』（昭和二十五年）から、八十五歳で最後の出演映画『小説吉田学校』（昭和五十八年）まで、わかっているだけで百数十本、その他テレビドラマは数知れない。私は昭和三十年代の子供のころからそれらの映画を見て、佐々木孝丸に出会った。ふてぶてしく、尊大で、取り付く島もない、曰くありげな悪役だった。だが、表面には見えない何かを感じた。彼がどんなにワルを演じても根っからのワルには思えないのだ。それをひとことで言うのは難しいが、あえて言えば品格、知性、華、愛嬌、共感といった、ややもすると〝弱さ〟と映りかねない内面が、透けて見えるような気がするのである。悪役俳優としてはときとして欠点かもしれないが、それも私には魅力的に映る。

もうだいぶ前のことになるが、私は古本屋で偶然、佐々木孝丸が昭和三十四年に出版した自伝『風雪新劇志』を見つけ、これが決定的だった。読んで目からウロコがポロリ、ストンと腑に落ちた。とくにこの言葉が、私の心を捉えた。

「**敗北者の逃走**」

自伝に書かれている「大正十二年という年」というタイトルの章で、インターナショナルの訳詞をしたことのエピソードとして時空を超えて出てくる話だ。それは戦後しばらく経って、おそらく昭和三十年前後のことと思われるが、佐々木が映画のロケで郊外へ行ったときのこと。撮影現場の近くでピクニックに来ていた若者たちが歌い始め、佐々木は「ははあ歌ごえ運動という奴だな」と思いながら、撮影の合間に何気なく彼らの様子を見ていた。やがてロケ隊の若い裏方さんたちも加わって合唱になった。そのなかの一人が佐々木に近づき、「佐々木さん、一緒に歌いませんか。歌詞は教えてあげますよ」と声をかけた。一瞬、佐々木は困った。その歌が「インターナショナル」だったのだ。

佐々木は自伝にこう書いている。

「『いや僕は……』と言葉を濁してその場を立ち去ったことがある」

私はもうこれを読んだだけで、佐々木孝丸にすっかり惚れ込んでしまった。やっぱり思ったとおりだった。このとき、佐々木の胸のうちにどんな想いが去来したのだろう。彼の年齢はこのときおそらく五十代後半だ。自分が若いころに訳詞したあの歌を、三十年以上もの時を経て若者たちが歌っている……。還暦を前にして佐々木の胸にたちまちその青春が懐かしく蘇り、若者の輪に入って一緒に歌う——、というような、はた目には感動的なシーンが展開することにはならなかった。静かにその場を立ち去る、それが彼の答えだった。

佐々木孝丸の自伝の最後の章のタイトルは、「逃げっぱなし」だ。昭和十五年に特高に逮捕拘留されて「転向声明」を書かされたが、それは「あくまでも『転向』ではなくて、敗北者の逃走だ」と書き、その後の半生は「逃げっぱなしである」と書いて自伝は終わっている。佐々木は「逃げっぱなしの敗北者」だから、インターナショナルは歌えなかったのか？　佐々木の半生はどうして「逃げっぱなし」だったのか⁉……。この謎は何としても解かなければならない。

戦後のベビーブームに生まれ、団塊の世代・元祖戦争を知らない子供たちと言われた私がそんな佐々木にシンパシーを感じるのも、実はそこにあるような気がする。七〇年代全共闘世代の私は六〇年代世代の人が反安保で頑張っていた時代を知っているし、その割には数の多さに隠れて徒党を組み、歌声喫茶で元気になったひ弱な世代だ。やがて政治的メッセージを歌うフォークソングが流行し、ベ平連など反戦・女性解放運動といった時代的空気の漂う青春時代。だが私自身は左翼運動に身を投じたことはないし、ほとんど状況を正しく理解できず、デモはいつも最後尾の見学連だった。それなのに〝左翼かぶれ〟という言葉が妙に懐かしい。中身のないアジ演説に象徴されるような、青臭い言葉だけで何一つ改革できなかった同世代全体の敗北は、自分のなかの一部の敗北であり、そのことをずっと抱え込んでもいる。

「私とは、これまで出会った人のことである」と言ったのは誰だろう。出会うべくして出会った人々に導かれ、学び合い、魂を高揚させ、熱い想いで〝大正の昂揚〟と〝昭和の敗北〟の、八十八年の人生を生きた佐々木孝丸。だが肝心の自伝『風雪新劇志』は昭和十五年で終わっている。このときが彼の〝敗戦〟だった。それ以後の人生後半が書かれた自伝はない。その戦中戦後を、私はとくに知りたいのだ。佐々木は人生のリベンジを果たしたのか？　戦後の佐々木孝丸は何を考えていたのか？　私にとって佐々木孝丸の原点である〝どくろ仮面〟は、佐々木にとっては敗北者の姿だったのか？

敗者は語らない、というのは一つの美学だとは思う。だが敗北者こそ語り部であるべきだ。敗者は勝者よりも人生の哲学的な意味を知っている。幸いなことに、佐々木は昭和二十五年から五十八年まで数多くの娯楽映画に出演したので、残された映像から佐々木孝丸という俳優を見ることができる。もちろん演技者としての映像だが、映画は時代と人間を映し出すジャーナリズムでもある。そのなかで佐々木孝丸が演じている姿を見たい。彼の人生後半の軌跡を垣間見たい。そこから時代を読み取りたい。


プロレタリア演劇なんて見たこともない。

アングラ演劇、黒テント、紅テント、路上パフォーマンスなら知っている。

「インターナショナル」は歌声喫茶で歌ったことはある。

プロレタリア文学なら『蟹工船』と『二十四の瞳』は読んだ。

支持政党なんてないし、政党に期待したことはない。

そもそもどこの組織にも属さない私など、数のなかに入っていない。

よくわからないけど好き、から始める主義。

とりあえず、自伝『風雪新劇志』が頼り。それと、彼が出演した映画のビデオ・ＤＶＤをできるだけ多く集めて佐々木孝丸をしっかり見届けること、これは大事。あとは芋づる式でいこう……、そう思ったときにはもう走っていた。〝どくろ仮面〟の正体を暴くために。

第一章　大正の薫風

エスペランティスト

　四国の玄関口、ＪＲ高松駅から西に三つ目の無人駅の端岡駅に降り立ったのは、平成二十四年（二〇一二年）四月下旬のよく晴れた日の午後だった。しばらくして佐々木寿子《ひさこ》さんが車で駅まで迎えに来てくれた。住宅やマンションの中に田畑も残る郊外の道を車で十分足らず南へ走ると、高松市国分寺町の小高い丘の上に建つ古寺に着いた。私はこのとき初めて佐々木孝丸の実家、真宗興正寺派・真教寺を訪れた。ちょうど境内には美しい牡丹の花が咲き誇り、春爛漫の庭が極楽浄土を思わせた。

　坊守の佐々木寿子さんは昭和二十年（一九四五年）生まれで、現在の十五代目真教寺住職、佐々木諦《たい》剛《ごう》さんのお母さんだ。寿子さんは一度だけ孝丸に会ったことがある。先代の十四代目住職の故・諦潤《たいじゅん》さんと結婚してまだ間もないころ、孝丸が香川に帰省して実家のこの寺に宿泊したときに会ったという。孝丸は昭和四十六年八月と翌年七月、香川大学での日本エスペラント大会に出席しているから、おそらくこの時期だろう。

「そうそう思い出しました、エスペラントの会で香川に来られたんです。かれこれ四十年以上も前のことですが、ちょうどここの座敷に泊まっていただきました。そうですね、私から見れば孝丸さんはおしゃれで、本当にダンディでしたね。テニスをしていたとかで、やっぱりハイカラでしたよ。よく覚えていますが、帰りに、私が靴を磨いて差し上げようと思って孝丸さんの靴を手にしたとき、とても軽かったんです。いい靴は軽いんだなあと初めて知りました（笑）」

寿子さんの言葉で、当時七十歳を過ぎていた孝丸がいかにダンディだったかがうかがえる。そこで寿子さんは思い出したように、

「チヱ子さんに聞いてみましょうか。先代住職の叔母ですけど、チヱ子さんなら孝丸さんと従兄妹だから、私よりよく知っていると思いますよ、たぶん今は家にいるでしょう」。

チヱ子さんの家はすぐお隣だそうで、私のために寿子さんは早速、チヱ子さんを呼びに行ってくれた。

佐々木チヱ子さんは大正九年（一九二〇年）生まれ。十二代目住職・諦導《たいどう》さんの娘で、十三代目住職・諦浄《たいじょう》さんの妹だ。お会いしたときは九十一歳とは思えないほど矍鑠《かくしゃく》としてとてもお元気だった。

「孝丸さんはとても体格がよかったし、声もよかったから、俳優さんになって本当によかったわね。孝丸さんは私の兄の一珍《かずよし》さんに姿形がとてもよく似ていて、従兄弟だけどみんなが兄弟だと思ったほどでしたよ。兄は東大の法学部を出て、戦後は高松で弁護士事務所を開き、香川弁護士会の会長も務めたんですよ」

そこで寿子さんがこうも話してくれた。

「孝丸さんの声がいいのは、子供のころ、おつとめ（読経）をさせられたことがずいぶんと役に立ったと、孝丸さんから直接聞いたことがあります。本堂でおつとめをさせられて、母屋でお父さんの諦薫《たいくん》さんがそれを聞いていて、聞こえないからもっと大きな声でやれ！と言われ、何度もやらされたそうですよ。そのときは嫌でたまらなかったらしいですが、俳優になったから、それがよかったんですね（笑）」

チヱ子さんはそれを受けて、

「私の兄・一珍さんは長男だったけど住職になるのが嫌で、寺を継いだのは二男の諦浄さん。孝丸さんもお坊さんになるのが嫌で俳優さんになったのよね。孝丸さんは三男で、兄弟みんな母親違いだったかしらね……、結局、孝丸さんの兄弟は誰も寺を継がなかったんです。諦薫さんの跡を継いで十二代目住職になったのは諦薫さんの末の弟の諦導さん。孝丸さんの叔父で、私の父。男の人はお坊さんより、他の職業がいいのかしらねえ。それに今は子供が少ないし。この先、誰かがずっとこの寺を継いでくれればいいんだけど……。今のところは大丈夫だけどね」

そう言って、チヱ子さんも寿子さんも笑った。

佐々木孝丸という名前は芸名であり、本名である。明治三十一年（一八九八年）一月三十日生まれ。佐々木の自伝『風雪新劇志』には、生まれたのは「北海道釧路の奥地」とだけ書いているが、釧路川上流の屯田村、現在の北海道川上郡標茶町《しべちゃ》である。釧路集治監（徒刑・流刑・終身懲役など重刑者の内務省直轄監獄）の教誨師として赴任していた僧侶の父、佐々木諦薫の三男として生まれたが、やがて一家は実家の寺を継ぐことになった父の郷里・香川の端岡村（現在の高松市国分寺町）に帰った。寺は世襲制で、佐々木の祖父・十代目住職の諦聴《たいちょう》が隠居することになり、父が十一代目住職になった。自伝には、帰郷したのは「七つの年の秋、日露戦争の真最中」とある。日露戦争は明治三十七年二月から翌年の九月までだから、明治三十七年の秋ということになり、七歳というのは数え年で、満六歳だったと思われる。

「生まれた土地の北海道よりも、やはりこの、讃岐の村の方が、故郷としての実感が濃い」と自伝に書かれている。ちょうどこの自伝が出版された前年の昭和三十三年に映画『森と湖のまつり』（内田吐夢監督、昭和三十三年、東映）のロケで標茶を訪れていた佐々木は、自伝のあとがきに、次のような美しい文章を添えている。

「生まれ故郷とはいっても、私にゆかりのあるものは何一つ残っておらず、ただ、町の北辺をゆるやかに流れる釧路川の流れだけが、半世紀以上も昔の、幼時の記憶を、おぼろげによみがえらせてくれるだけだ。この町に着いたその日、私はこの川の岸辺にただ一人、永い間佇んでいた。往時茫々夢の如しとはこのことか」

『森と湖のまつり』はカラー映画で、原作は武田泰淳。テーマはアイヌ民族として生きようとする若者の愛と葛藤。主演は高倉健。他に三國連太郎、香川京子、中原ひとみ、有馬稲子ら。佐々木は塘路《トウロ》の町の薪炭業者・山城屋。アイヌを開発と観光に委ねようとする町の有力者だが、アイヌに誇りを持ち、アイヌ統一運動に身を投じる主人公の高倉健は彼らと対立する。男女の愛も絡んで、滅びゆくアイヌ文化に悩む高倉と三國の決闘の末に、ラストシーンに映し出される釧路湿原と釧路川がたしかに美しかった。私は行ったことはないが、映画公開後、昭和六十二年に国立公園になったその風景の美しさは、今も変わらないのだろうか。

そういえばこのころ、『コタンの口笛』などアイヌに関する映画が作られ、私も見た記憶がある。一過性の流行だったかもしれないが、昭和三十年代はまだアイヌ文化を守ろうとしていた時代だったのだろう。

『森と湖のまつり』では佐々木のほかに、薄田《すすきだ》研二、加藤嘉、河野秋武、北澤彪、花沢徳衛らの脇役陣の顔ぶれが懐かしい。時代劇の東映で、こんな映画が作られていたこと自体、まったく知らなかった。映画は東映がロマン大作と意気込んで豪華キャストで制作したが、原作に遠く及ばない失敗作と言われたそうだ。しかし今となってみれば、様々な意味で貴重な映像が残された。

佐々木は高等小学校を終えるとすぐ京都の本山へやられるが、一年そこそこで逃げ帰った。帰ってからも隣村の叔父の寺（現在の高松市御厩町の専光寺と思われる）に手伝いに出されて、味気ないお勤め坊主をやらされる日々に。ひそかに思いを寄せる従妹もいたが、何とかして抹香臭い雰囲気から逃げ出したくて仕方がなかった佐々木は、ある日村の郵便局で「通信生募集」のポスターを見つける。通信生というのは、逓信省・電信局が管轄する部署で働く通信技術員のことである。明治十八年、逓信省（戦後の電気通信省、日本電信電話公社、NTTの前身）が発足。五年後には電話事業も始まり、日清・日露戦争で電信技術が発達し、大正に入ると全国に電信局が配置され、ますます技術者の養成が急務となった。即座に決心した佐々木はこっそり高松で試験を受けると、養成所入所の合格通知が届いた。「必ず自分だけの力でやって行ってみせる」と宣言すると、父の諦薫は渋々だが許してくれた。晴れて神戸の通信生養成所へと高松から船に乗り、「なにもかもが新鮮な刺激の、まったくの新しい別天地」へ、自らの力で人生の最初の旅立ちを果たした。時代は明治から大正へと移った大正二年十二月、佐々木孝丸少年、十五歳の冬だった。

実はこの旅立ちには、家族には言えない思いがあった。佐々木は高等小学校一年生のときに実母に死に別れている。翌年に継母が来たが、自伝にこう書かれている。「もし実母が生きていたら、早くから家庭を離れるようなこともなく、恐らく、全然別な道を歩んでいただろうと思う……」。多感な少年のころに母親を亡くした辛さは察するが、もしもこのとき実母が死ぬことがなかったら、俳優・佐々木孝丸は存在しなかったことになる。

佐々木は六カ月の養成期間を優秀な成績で終えて、神戸電信局で通信事務員として採用された。働いたのはたった三年だったが、これが人生を決定づけるような大きな経験をもたらした。まず神戸市立図書館通いが一つの転機となった。初めは官練試験（通信官吏練習所）の受験が目的だったが、勉強の合間に読んだ小説があまりに面白く、読み漁るようになる。藤村、花袋、秋声、小剣、白鳥、独歩と次々にのめり込み、哲学書や文芸書を職場まで持ち込んで隠し読みしてとうとう遅刻常習犯になり、減給処分にもなる。だがここでの膨大な読書が、彼ののちの人生とって大きな糧となるのだ。

未来の高等官の夢をあっさり捨て去った佐々木は、理系から文系という百八十度の方向転換で文学を志した。雑誌の広告で知った「大日本文学会」の会員になり、文章講習録の購読で知り合った会員たちと「神戸文学会」を作り、毎晩のように文学談義にふけった。そしてとうとう、新劇運動の先駆者・島村抱月主宰の「芸術座」が神戸の多門座に来演するという〝大事件〟が起きる。このとき佐々木は仲間たちと島村抱月が宿泊している旅館にまで押しかけ、抱月に愚問を連発してさんざん悩ましたと告白している。松井須磨子の『サロメ』や『復活』に感銘を受け、これらが佐々木を文学青年のみならず、演劇青年となる契機になったことは間違いない。

三年の義務年限が切れたら年明け早々にも局を辞めて上京する決心をしていた佐々木は、大正五年の十二月、勤務中に「『キンノスケタダイマシス』ナツメ」という電文を受け一瞬ハッとし、夏目漱石の死去を知る。奇しくもこれが文学青年・佐々木の通信員としての最後の仕事となった。上京の前夜には文学仲間が集まり、徹夜で酒を酌み交わし、佐々木を送り出してくれた。


大正六年一月、十九歳を目前にして佐々木は全財産七円と友人たちから餞別にもらった毛布一枚を携えて上京。まず東京での一つの「当て」である目白の大日本文学会を訪れるのだが、ここで詩人の佐藤青夜（誠也）に出会う。これが大きな出会いとなり、佐々木はこののち、次々と人生行路を決定づけられる人々と出会うことにつながる。翌日、文章講習録で名前を知っていたが面識はなかった読売新聞社の前田晁《あきら》を訪ねると、すぐに会ってもらえることになり、前田にいろいろと身の振り方を相談する。佐々木は何かの記事で、前田がかつて電信局に勤めていた「コツコツ屋」だったことを知り、ひそかに親近感を抱いていたのだ。その前田の助言もあって、まずは生活手段のため通信技術を生かして赤坂葵町の電信局へ再就職し、その傍ら、文学の志を果たすために念願のアテネ・フランセ（語学学校）へ通うことにした。佐々木がなぜフランス語を習うことにしたかは、これも例の文章講習録で読んだ田山花袋の小説作法に、これからの人には英語よりもフランス語を勧めたい云々、と書かれていたからだった。フランス語を学んだこともまた、のちに「フランス同好会」で出会う小牧近江をはじめ佐々木のその後の人生に影響をもたらす様々な人との交わりを結ぶことになるのである。この年、ロシア革命が起きる。

大正七年春、佐々木は二十歳で結婚した。相手は高知出身の幸恵という女性で、自伝には詳しく書かれていないが神戸の通信員時代に知り合い、結婚を決めていたようだ。佐々木は赤坂、妻の幸恵は江戸橋の中央電信局に勤める夫婦共稼ぎの新婚生活が始まった。このころ佐藤青夜の紹介で、劇作家で詩人の秋田雨雀《うじゃく》（明治十六―昭和三十七年）を知った。秋田は佐々木の生涯の師となる人物である。幸恵との新居を秋田の家に近い雑司ケ谷の森の鬼子母神近くに定め、佐々木は足しげく秋田を訪ねるようになる。秋田雨雀は佐々木より十五歳年長で、すでに小説、劇作や詩、童話を発表し、島村抱月主宰の芸術座の運営にも参加していた。『秋田雨雀日記』大正七年七月二十九日にはこう書かれている。

「佐藤君とあった。佐々木君が移転してくるというので、移転祝いをした」翌三十日にも記述がある。

「佐々木君がひっこしてきた。妻君はおとなしい、すこし年上の女だ。景色のいい二階だ。若い夫婦の生活は美しいような、痛々しいような感じがする」

この年の夏、米価の高騰で端を発した庶民の怒りが全国に飛び火し、米騒動が起きる。十一月、島村抱月がスペイン風邪で死去。

赤坂葵町電信局とアテネ・フランセに通う日々のなか、翌大正八年春、女児が誕生。秋田雨雀が文枝(のちに踏絵)と名付けた。このころから秋田の指導を受けてエスペラントという言語の勉強を始める。

佐々木がエスペラント語に興味を持ったのは、秋田と知り合ってからではない。佐々木は秋田と知り合う以前、神戸で文章修業の日々のなかで秋田の戯曲『緑の野』を読み、そのなかにエスペラント語で書かれた箇所があった。『緑の野』は大正四年に発表され、大逆事件から着想を得て思想弾圧を描いている。弾圧を受けた青年たちが別れのときに語る長いセリフがエスペラント語だった。のちに佐々木は日本エスペラント学会誌『エスペラントの世界』昭和五十一年九月号の巻頭のエッセー「潮流」で、救世主エスペラント、と題してそのあたりのことをこう書いている。

「初め私にはその横文字が何語であるのかさっぱり分からなかったが、のちにそれが、『国際共通語エスペラント』というものであることが分り、そのへんから私はエスペラントに興味を持つようになった。上京後、雨雀先生の門を叩き、親しく出入りするようになってから初歩の手ほどきを受けるようになり、且つ先生を通じてロシアの盲目詩人のエロシェンコやその他のエスペランティストともつき合うようになって、いつの間にやら、自分もエスペランティストの端くれに連なるようになった」

佐々木が秋田雨雀に出会ったのは秋田と親しかった佐藤青夜に紹介されたからだが、生涯の師となる秋田との出会いは偶然というより、やはり必然的なものを感じる。おそらく佐々木は秋田と出会って感激し、すでに『緑の野』を読んでいたことなどを話したに違いない。秋田もまた自分の熱心な読者で情熱的な文学青年に好感を持ったからこそ彼の引っ越し祝いをして歓迎し、エスペラントの指導をしたのだろう。こうして二人の師弟はこのあと頻繁に会って語り合い、親交を深めていくのである。

そもそもエスペラント語とは、ポーランド北東部（当時は帝政ロシア領）の眼科医のザメンホフが創案し、一八八七年に発表した人工言語である。世界の民族間の言語・文化・歴史を尊重する中立公平な国際共通語とされる。恥ずかしいことに私はまったく知らなかったのだが、すでにジャン・ジャック・ルソーは言語こそが人間の不平等の根本的な要因だと考えていたようで、十九世紀になると国境の垣根を越えて地球市民的な自覚を持つ人々の間で、どこの国の言葉でもない中立的な言語を作ろうとする人たちが現れた。こうしたなかでユダヤ人であるザメンホフがエスペラントを創案したのである。エスペラントとは、フランス語やスペイン語の「希望」の意味が込められている。

やがて二十世紀にはヨーロッパを中心とするインターナショナルな運動を契機に反戦平和、社会主義、人道主義、自由主義などの思想とキリスト教宣教師による普及とで、主に知識層に支持され、また労働運動の高まりで急速に広まった。一九〇五年にはフランスで第一回世界エスペラント大会が開かれたが、一九三〇年代後半になるとスターリンやヒトラーの弾圧によって苦難の道となる。以後、言語学の伝統からは異端視され、政治的には危険な脅威とされた。この時代、インターナショナルや反戦は過激思想だったのだ。こうして現在に至るまで、百三十年にわたるエスペラントの軌跡はそのまま人類の近代史、世界史と重なっているのである。
日本では一九〇六年（明治三十九年）に二葉亭四迷が日本初のエスペラント学習書『世界語』を著し、この年にはアジアでいち早く日本エスペラント協会が発足した。語学に堪能だったアナーキストの大杉栄が刑務所のなかでエスペラントを習得し、保釈後はエスペラント講習会を始めるなどエスペランティストとしても活動している。ほかにも大庭柯公《かこう》、秋田雨雀、堺利彦や新村出《しんむらいずる》、徳冨蘆花《ろか》、新渡戸稲造、柳田國男、吉野作造、北一輝《きたいっき》、土井晩翠《ばんすい》、また宮沢賢治などの知識人たちがいる。彼らはエスペラントが民族を超えた世界的他者とのコミュニケーションとしてとらえるのみならず、戦争を回避できる非暴力社会の実現手段として学び、広めた。

　佐々木はフランスの作家アルフレッド・ミュッセの小説『二人の愛人』を翻訳して秋田の助言で新潮社に持ち込むと、大正九年（一九二〇年）正月にウェルテル叢書の一冊として出版されることに決まり、三月に発行された（佐々木の『風雪新劇志』では大正十年の正月に出版されたとあるが、私が所有するものでは初版は大正九年三月五日となっている）。処女出版である。あまりに早く出版が叶ったことで「嬉しさ四分、空恐ろしさ六分」ではあったが、これでなんとか翻訳で生活を立てられると考え、このあと、あっさりと赤坂電信局を辞めた。時間が自由になると、秋田の家の真裏の駄菓子屋の部屋を間借りしていたこともあって、佐々木は以前にも増して頻繁に秋田を訪れた。午後になると二人は雑司ケ谷の森の墓地を回り、ときにはこの散策に、秋田を通じて知り合った佐々木とは八歳年上の盲目の詩人ワシリー・エロシェンコも加わった。師の秋田に寄り添って、佐々木と、ロシアの詩人の三人のエスペランティストが、散歩中どんな会話をしたか不明だが、〝将来に希望へと導く言葉〟で存分に語ることのできる、楽しいひとときだったに違いない。

「局をやめて、時間が自由になると、私は毎日のように秋田さんに会った。こちらからも頻繁に訪ねたが、秋田さんの方から散歩に誘い出しに来られる方が多かった」（『風雪新劇志』）

散歩コースは決まっていて、雑司ケ谷墓地の漱石の巨大な墓を素通りし、島村抱月の墓の前でしばし佇み、小泉八雲の墓の前を通って最後に死刑囚の共同墓地（そういうのがあるのか……）へ出て、草の上に腰を下ろして休む。「夜になるとまた秋田さんが誘いに来て、神楽坂を散歩する。無論、往復とも歩きだ」というからすごい。雑司ケ谷から神楽坂だとどれぐらいの距離になるのだろう。うろうろするのだから四キロメートル以上はあるかもしれない。あたりの風景も、百年近く経った今とでは想像できないほど変わったことだろう。「少々の雨や風ぐらいでは欠かすことのない日課といっても良かった」と書いているから、この散歩はよほど楽しかったに違いない。二人はときどき牛込見附の山本というコーヒー店で一杯五銭のコーヒーを飲んだ。年中貧乏をしている師匠と弟子だったが、互いの財布の中身をエスペラント語で尋ね合い、少々にぎやかなときはおでん屋へ乗り込むこともあった。大正時代に、まだ四十歳にならない師匠と二十代前半の弟子が、散歩の途中にカフェに寄ってコーヒーを飲み、文学談義をしながら、今でいう墓マイラーをしていたと思うとなんだかとてもほほえましく、羨ましい。散歩だけでなく、食事、会食、観劇、討論会など、秋田と佐々木は実にいろんな場所で頻繁に会っていることが秋田の日記でわかる。一緒にデモにも参加しているし、ときには佐々木が酔っぱらって口論になったり、師匠に対してだんだん強情になってきたことも秋田はちゃんと書いている。

　十九歳で上京し、二十歳で秋田雨雀に出会い、二十一歳でエスペラント語を勉強し始めた佐々木は、秋田の紹介でエロシェンコにも出会った。こののち、指導者を二人も得た佐々木は猛烈な勢いでエスペラント語を習得した。なんと習い始めて四年後の大正十二年六月に『自由　エスペラント講義録』を日本エスペラント文化学会から出版している。秋田雨雀、エロシェンコら四人の共著ではあるが、佐々木は講師として「文法講義」と「科外講話」を担当している。

　私はエスペラント語を学んだことがないから、言葉をイメージすることができない。人間はまず両親との会話から言葉を習得していくように、言葉とは誰がどのように話すのかが重要だ。百年前も今も、世界中の人々が言葉の壁を越え、互いに心を通わせて会話ができることは素晴らしい。創案された当時は世界中の知識人たちに受け入れられて急速に広まったが、その後は衰退していった。今や英語が世界共通語とされているなか、世界中の言語のなかでエスペラントはどんな位置にあるのだろう。現在どれぐらいの人々がエスペラント語を使っているのだろう。創案以来、とくにヒトラー政権に迫害され衰退していった言語だが、世界の現状を思うと、反戦平和と世界の連帯を標榜するエスペラント語はまだまだ、いや、ますます必要ではないかとも思う。

　エスペラント語は世界共通の人工言語で、国家や民族の長い歴史や文化を伴った言語ではない。つまり単なる外国語ではない。だがそこにこそ、ザメンホフが多くのヨーロッパの言語を取り入れてわざわざ創った、どこの国や民族の言葉でもない人工語・エスペラント語の存在意義がある。英語ではいけない理由があるのだ。覇権国家や戦勝国が自分たちの言語を広め、敗者の言語を奪うという侵略方が昔からあったことを考えると、言葉には絶大な力があるということに私は気がついた。

考えてみれば、アジア人で日本人の私は英語を学校で少し学んだが、すぐお隣の韓国語や中国語はまったく話せない。なぜ義務教育に同じアジアでも隣接国でもない地域の言葉が選ばれているかといえば、それはやはりその言語が覇権を握っているからだ。つまりその言語を母語とする地域は自ずと「優位」になる。エスペラントにはそれがない。教養を高めたり趣味で外国語を学ぶことはいいことだが、だからといって人工語のエスペラントを習うことには抵抗を持つ人も多いだろう。通常何かの言語を習得すればその国や地域で通じるが、エスペラントにはそれがないのだ。エスペラントが歴史や文化を排した人工語であるからこそ、逆にそれらと切り離せない言語とはいったい何かという、根源的な疑問もわいてくる。

強調したいのは、エスペラントは母語を捨ててエスペラントに変えよう、などという全体主義的なものではない。むしろ逆で、すべての言語は尊重されている。どの国にも民族にも属さないという思想は侵略や支配とは相反するのだ。エスペラントが最初にヨーロッパのみならず、たちまち日本やアジアに広まったのは、アジアの国々もまた多くの言語を持つ多言国家であり、そのことで悩む地域が多かったからだ。言語問題で悩む国々にとって、エスペラントは大きな希望をもたらした。ところが、ヒトラー政権から第二次世界大戦に至っては状況が一変する。エスペランティストは迫害され、衰退していく。エスペラントの根源的な反戦思想が為政者には邪魔な存在だったからだ。エスペラントが悲劇の言語と言われる理由は、もともとインターナショナルで反戦平和の思想を持っていたことにあるが、その精神にこそ敬意を表したい。

今となっては、世界共通語の役割を英語で果たしてもいいのではないかという意見があるのも知っている。しかし英語圏のような広くて強い国家の言語が世界を席巻するのではなく、どこの国や民族の言葉でもないエスペラントが共通語になった方が歴史や文化の侵略にはならない。小さな国や民族の言語といった、少数派の歴史や文化を守るための人工語の大きな連帯――。そうしたエスペラントの根源的な精神への希望は今も受け継がれている。私の周辺でもエスペランティストがいて、世界中のエスペランティストと交流し、定期的に会合を開いて学び合い、ときにはイベントを催すなどの活動をしている。私はたまたま友人の紹介でその存在を知ったのだが、残念なことにそうした情報がメディアにはほとんど紹介されていない。マスコミが報じなければ存在しないことになる、というのは間違っている。一つの言語が百年以上も使われているということは、必ず存在理由があり、そこには人を惹きつける魅力的な人物がいるということを忘れてはいけない。

ザメンホフはこう言っている。

「エスペラントは、われわれが必要によって使うやさしい言葉であるというだけではなく、重大な社会問題である、ということを忘れてはいけない」

種蒔く人々

佐々木はエスペランティストとして精力的に活動し、たちまち指導的な役割を担うようになるのだが、翻訳者、編集者としての立場のほかに演劇にも夢中になり始めた。もともと佐々木は神戸時代に芸術座の松井須磨子に感激した演劇青年でもあった。

相馬黒光《そうまこっこう》（本名・良。明治八―昭和三十年）が明治三十四年（一九〇一年）に夫の愛蔵とともに東京本郷で小さなパン屋を開業し、その後売り出したクリームパンが評判となって新宿駅近くに移転したのは明治四十二年。芸術に造詣が深かった彼女は、現在も続く新宿中村屋の創業者としてよりも「中村屋サロン」の女主人として名を馳せている。黒光が芸術家・文化人支援になればと、中村屋サロンと呼ばれるものを始めたのが明治末のころ。演劇好きでもあった彼女は秋田雨雀とも親交を結び、その縁で神《かみ》近《ちか》市子（明治二十一―昭和五十六年）やエロシェンコもこのサロンの常連になる。特にエロシェンコは大正五年（一九一六年）に中村屋の食客になっている。神近市子は東京日日新聞記者時代から秋田と親交があったが、大正五年に愛人の大杉栄を刺傷させ（日陰茶屋事件）殺人未遂で有罪となり、減刑されて大正八年十月二日、八王子監獄を出獄した。このとき神近を八王子まで出迎えに行ったのは秋田とエロシェンコだった。

大正九年に、黒光が中村屋の二階を開放して朗読会（のちに「土の会」）が催された。契機となったのは、この年の五月に秋田が第三高等学校（京都大学の前身）での文芸座談会やエスペラント大会のため京都に滞在し、そこで有島武郎（明治十一—大正十二年）に会ったことだ。滞在中、有島とともに、新村出、成瀬無極《むきょく》（ドイツ文学者、京都帝大教授）ら進歩的な人々の脚本朗読会「カメリオンの会」に招かれた。秋田の戯曲『二十一房』やチェーホフなどを選び、有島が殺人犯人、新村が看守、秋田が重役に扮した。新村夫人も交じってのこの朗読会に秋田は感銘を受け、帰京後の六月四日に第一回朗読会を自宅で開いた。この日、佐々木、エロシェンコ、神近市子ら数人が来訪したので、まだ感激の余韻が残るカメリオンの会を模してみんなで朗読会を開くことにしたのだ。「第一回としては成功したほうであった」と日記に書いている。その四日後の六月八日、秋田は六番町の有島武郎邸を訪問した折、そこへ作家の里見弴《とん》、画家の中川一政、叢文閣の足助素一《あすけそいち》らも同席し、夕食後、秋田は自作の戯曲『同郷の人々』を朗読した。秋田は「おもしろい静かな一夜」と日記に記している。秋田はこれを第二回目の朗読会とした。このあと、朗読会のことを黒光に話したら彼女もまた大いに刺激を受け、ぜひ中村屋サロンで開こうということになった。早々の六月二十五日、黒光の好意で第三回朗読会を中村屋の二階で開き、前回と同じく『同郷の人々』を参加者で朗読した。佐々木孝丸の〝太田〟、黒光の〝客〟がよかったと、秋田はこの日の日記に記している。

これ以降、会の名称は秋田の戯曲の代表作『土』三部作にちなんで「土の会」とされた。この朗読会は佐々木にとって何よりの楽しみになり、「いつもいつも、会合の日が待ち遠しくて仕方がなかった」と自伝に書いている。待ち遠しかったのは佐々木だけではなかった。黒光もまた「私も年甲斐もなくつり込まれ、大いに刺激されました」と自伝『黙移』に綴っている。
「ストリンドベルグ作の中に母と息子の対話のあるところなど、佐々木さんが息子で、私がその母の役割に当りまして、つい油が乗り、あとで『ほんとにお母さんに叱られているようだった』といわれて赤面したこともございました」（『黙移』）
会の常連は黒光や秋田のほか、佐々木、佐藤青夜らで、ときには神近市子も現れ、当時は自由学園の女学生だった黒光の娘・千香子も駆り出された。それ以外にも女優の花柳《はなやぎ》はるみ（明治二十九―昭和三十七年）がセリフ指導に来たこともあった。花柳は島村抱月、松井須磨子の芸術座に第一期生として入り、大正四年に舞台デビュー。大正八年には『深山の乙女』『生の輝き』というサイレント映画に出演して、日本で最初の映画女優になった人物である。秋田が芸術座とも関係していたので、花柳が土の会に参加したのは秋田との縁だった。また大正十年には、佐々木が同人だったフランス同好会によるヴェルレーヌ詩朗読会を土の会でやることになり、当時はまだ雙葉《ふたば》の女学生だった〝八重ちゃん〟こと水谷八重子（初代）が朗読に参加した。聞き役はいつも中村屋主人・相馬愛蔵とエロシェンコだった。秋田の母校の早稲田や、上智、法政などの学生が来ることもあった。
ところで宇佐美承著『新宿中村屋　相馬黒光』のなかにこの土の会の写真が掲載されていて、そこに若い佐々木孝丸が映っている。写真にはめくりの演題が「秋田雨雀氏作　戯曲『国境の夜』」と書かれているので調べてみると、秋田雨雀日記の大正十一年十月一日に「夜中村屋の朗読会へゆく。『二十一房』と『国境の夜』をやった」とあるから、おそらくこの日の写真だろう。写真には台本を手にした朗読者が四人、観客を前にして腰かけている。左端が洋服を着て足を組んでいる佐々木孝丸だ。真ん中の二人の和服姿の女性は右が黒光、左は娘の千香子ではないだろうか。貴重な写真だ。

やがて土の会の連中は戯曲の朗読会だけでは満足できなくなり、このあと、本物の芝居をやろうということになるのである。

中村屋にて「土の会」。左端が佐々木孝丸（『新宿中村屋　相馬黒光』より）。

一方、佐々木は演劇以外にも翻訳の仕事に加え、入会したフランス同好会の活動で多忙だった。この同好会はフランス文学者で詩人の吉江喬松《たかまつ》が主宰し、佐々木は秋田雨雀に吉江を紹介してもらって入会した。そこで出会ったのがフランスから帰ったばかりの小牧近江《おうみ》（本名・近江《おうみ》谷駉《やこまき》、明治二十七―昭和五十三年）と村松正俊だった。佐々木は四歳年上の小牧から中古のスーツを一着もらい、生まれて初めて洋服というものを着た（ネクタイは秋田雨雀にもらっている）。それまで佐々木はずっと和服に袴姿だったのだ。「フランス仕立てで、背バンド付きの、なかなかシックなやつだった」という。当時の小牧は日本大使館に勤務する外交官、村松は東大の美学を出た新進気鋭の美術評論家で、しかもこの二人の父親は代議士である。佐々木から見ればただフランス語を学ぶという共通点のみで、住む世界が違うインテリで貴族趣味の青年紳士という印象だった。そんな彼らと頻繁に顔を合わせる割には打ち解けて語り合うことはなかったのだが、急転直下、親密な間柄にさせる出来事が起こった。

大正十年五月一日、日本で第二回のメーデーがおこなわれたが、このとき初めて芝浦から上野までのデモ行進があった。佐々木はいわば好奇心と野次馬根性で、秋田雨雀とこのデモに出かけた。上野の山下でデモ隊と警官隊とが衝突して大乱闘になったときには旗竿で警官をぶん殴って捕まりそうになったが、一人でなんとか逃げ延びた。その雑踏のなかで意外にも小牧と村松に出会い、驚いた。彼らがデモに参加するとは思わなかったのだ。佐々木は二人に対する印象が自分の思い違いだったことに気付く。実は小牧も佐々木をただの文学好きの青年と思っていたので、デモに参加していたことで見直すのである。小牧と村松の二人と意気投合した佐々木はこのあと小牧の家に行き、三人で夕食をともにして語り合うのだが、佐々木は二人が確固たる信念と理論を持つ〝筋金入り〟と知り、自分がいかに幼稚な〝感情的社会主義者〟であったかを反省した。小牧はここで佐々木と村松に計画を打ち明ける。小牧は秋田県出身で、同郷の同級生だった金子洋文、今野賢三らと秋田県で『種蒔く人』という雑誌を二月に刊行したが、保証金が収められず三号で休刊していた。この当時は政治問題を扱う刊行物を出版するには保証金が必要だったのだ。小牧はその『種蒔く人』を東京で再刊したいのだという。その仲間にならないかと誘われた佐々木と村松は、その場で快諾した。

小牧近江がフランス滞在中に作家のアンリ・バルビュスが提唱したクラルテ運動に感銘を受け、その反戦平和思想の種を日本でも蒔こうという計画である。バルビュスが一九一九年に発表した小説『クラルテ』のテーマは戦争の絶滅、人類の平和と世界中の思想家・芸術家の相互理解で連帯を押し広げようというもので、やがて小説と同じタイトルの雑誌『クラルテ』が発行された。アナトール・フランスやロマン・ロラン、ゴーリキー、バーナード・ショウ、アインシュタインといった著名人がそれに賛同した。小牧の話に佐々木は心を躍らせ、若い情熱と冒険心で計画は一気に進んだ。クラルテとは光明を意味する言葉で、日本では大正末期から昭和にかけてプロレタリア文学運動の代名詞となった。

『種蒔く人』は日本で最初のプロレタリア文学雑誌である。雑誌社を「種蒔き社」と名付け、同人は小牧、金子、今野、村松、佐々木、そして松本弘二、山川亮、柳瀬正夢《まさむ》の八人。ほかに特別寄稿者として秋田雨雀、有島武郎、アンリ・バルビュス、アナトール・フランス、ワァシリー・エロシェンコ、長谷川如是閑《にょぜかん》、神近市子、小川未明《みめい》、吉江喬松、山川菊栄《きくえ》、江口渙《かん》、石川三四郎らが賛同し、名を連ねた。彼らは当時、社会主義者とされていた作家だが、今でいえばむしろ人道主義、平和主義、民主主義的志向の文化人と言った方がいいだろう。ところがいよいよ明日発売というときになって、どうしても資金が二百円足りなくなり、佐々木は新宿の中村屋に駆け込んで相馬愛蔵に借金を申し込んだ。佐々木の急な懇願に相馬は従業員の給料から工面してくれた。佐々木は「天にも昇る心地」だった。

こうして大正十年十月（『風雪新劇志』では九月となっている）に『種蒔く人』は創刊されたのだが、直後に検閲に引っかかり発売禁止になった。みな落胆はしたが半ば予期していたことだったので、小牧が早速機転を利かして電通へ駆け込み、「種蒔く人・創刊号、発売禁止！　次号すぐ出る！」という大きな活字広告を組み入れた。そのあと手分けして本屋を駆けずり回り、押収されていない雑誌を回収した。やがて発禁の広告が出回ると、ぜひ一部送ってくれという注文が種蒔き社に殺到したのである。

創刊号の表紙は同人・柳瀬正夢のイラストで、火をつけたバクダンが爆発寸前、という図柄。これは人目を引いたに違いない。小牧の発案でこれに赤い紙の帯（『風雪新劇志』では〝鉢巻〟〝裾巻〟となっている）を巻いてそこに「世界主義文芸雑誌」というサブタイトルを入れた。この帯は小牧がフランスにいたころ本屋で見かけたという。今では普通に書籍に巻かれているが、日本で最初にやったのはこの『種蒔く人』であると佐々木の自伝『風雪新劇志』に書かれている。

佐々木はこののち、『種蒔く人』の発行と同時に演劇活動にものめり込んでいく。それも、ますます本格的に。この時代の若者は演劇が好きだったのだろうか。考えてみれば明治の自由民権運動から、演劇は一つの政治パフォーマンスとして進化したのかもしれない。明治末期から新劇運動が芽生え、大正初期の島村抱月の芸術座創設はその先駆けだった。旧劇の歌舞伎から新劇へと移行していく時代の流れは加速し、大正末に小山内薫が築地小劇場を創設して昭和初期には日本の近代演劇が花開く。新劇運動は民主化運動の一つだったのであり、二十代半ばの佐々木孝丸はそうした流れの先駆けに立っていた。

佐々木が演劇に熱中するのは自然の流れだった。師匠の秋田雨雀は戯曲作家であり演劇人でもある。佐々木は大正九年に始まった脚本朗読会土の会への参加からすでに芝居にのめり込んでいたのだ。

大正十一年三月に神田青年館で、種蒔き社主催の、文芸講演会と芝居の計画を立てた。芝居の出し物はロマン・ロランの革命劇『ダントン』で、主役のダントンは佐々木が演ることになった。秋田雨雀は二月十四日の日記にこう書いている。

「夜、九段茶屋で種蒔き社の『ダントン』のけいこを見にいった。佐々木君のダントンはおもしろい。村松、平林（初）は裁判官。松本（弘）も被告の一人。柳瀬君、近江谷君もきた。神楽坂でおでん屋に入った」

こうして一同張り切って稽古したにもかかわらず、当日になって所轄の警察が講演も芝居も禁止してしまった。憤懣やるかたない佐々木はこの夜、ハシゴ酒で翌朝まで酔いつぶれた。初の芝居で、しかも主役だったのだから気持ちはわかる。三月十五日の秋田雨雀の日記によると、「夜六時、理由なしに種蒔き社の講演が禁止された。十一日の報復らしい。手続きに多少の手落ちがあるのじゃないか。元気のない禁止されかただ。さびしい夜」。その報復というのは、四日前に種蒔き社が自由思索家組合発会式で「過激思想取締法案」に反対決議をしたことのようだ。

八月、種蒔き社は秋田県でロシア飢餓救済のための文芸講演会と芝居をやることになった。秋田県は小牧近江の出身地だ。芝居は武者小路実篤のものをやることにし、主役は佐々木。一同はこの公演で劇団を作り「表現座」と名乗ることにした。「飢えたるロシアを救え！」と銘打ったパンフレットを作ったりして今回も張り切ったが、印刷屋に払う金が足りなくなった。だがまたしても救いの主が現れる。前回は中村屋の相馬愛蔵、そして今回は出版社・叢文閣の足助素一だった。足助は一行の汽車賃も出してくれた。神田青年館での公演と演劇は失敗だったが、秋田県では盛況で、金子洋文はこう書いている。

「秋田県で行った『飢えたるロシアを救え』の講演と公演会はスバラシかった。秋田雨雀、藤森誠吉、小牧近江。その他、武者小路実篤作『ある日の一休』の公演には、孝丸の一休、今野賢三のカワラケ売り、私の野武士。さすがに孝丸の一休は見事であった」（金子洋文著『種蒔く人伝』）

有島武郎の勧め

大正十一年（一九二二年）九月、佐々木は牛込にある出版社・叢文閣へ勤めることになった。叢文閣の足助素一は作家の有島武郎と深い親交があり、叢文閣は有島武郎著作集を一手に引き受けている出版社として名が通っていた。佐々木は大正十年の初めに赤坂電信局を辞めてから一年半でまた月給取りに戻った。仕事を終えると神楽坂や富士見町界隈を飲み歩き、しばしば、有島や足助の友人らのハシゴのお供をした。叢文閣の編集者として佐々木が作家・有島武郎と初めて会ったのはこのころだった。

「今ふりかえって見ると、私の過去の生涯のうちで、叢文閣時代が、一番生活の『安定』していた時期であり、それと同時に、『身をもち崩して』、一番不埒な行いの多かった時期でもあった。」

二十代半ばにしてこの「身をもち崩して」や「不埒な行い」とは具体的にどんなことをいうのか、佐々木は書いていない。

このあと、すぐに自ら企画した「自然科学叢書」の編集に取り組み、同人誌『種蒔く人』や朗読会土の会の活動、さらに翻訳など、かなり多忙な日々を送った。

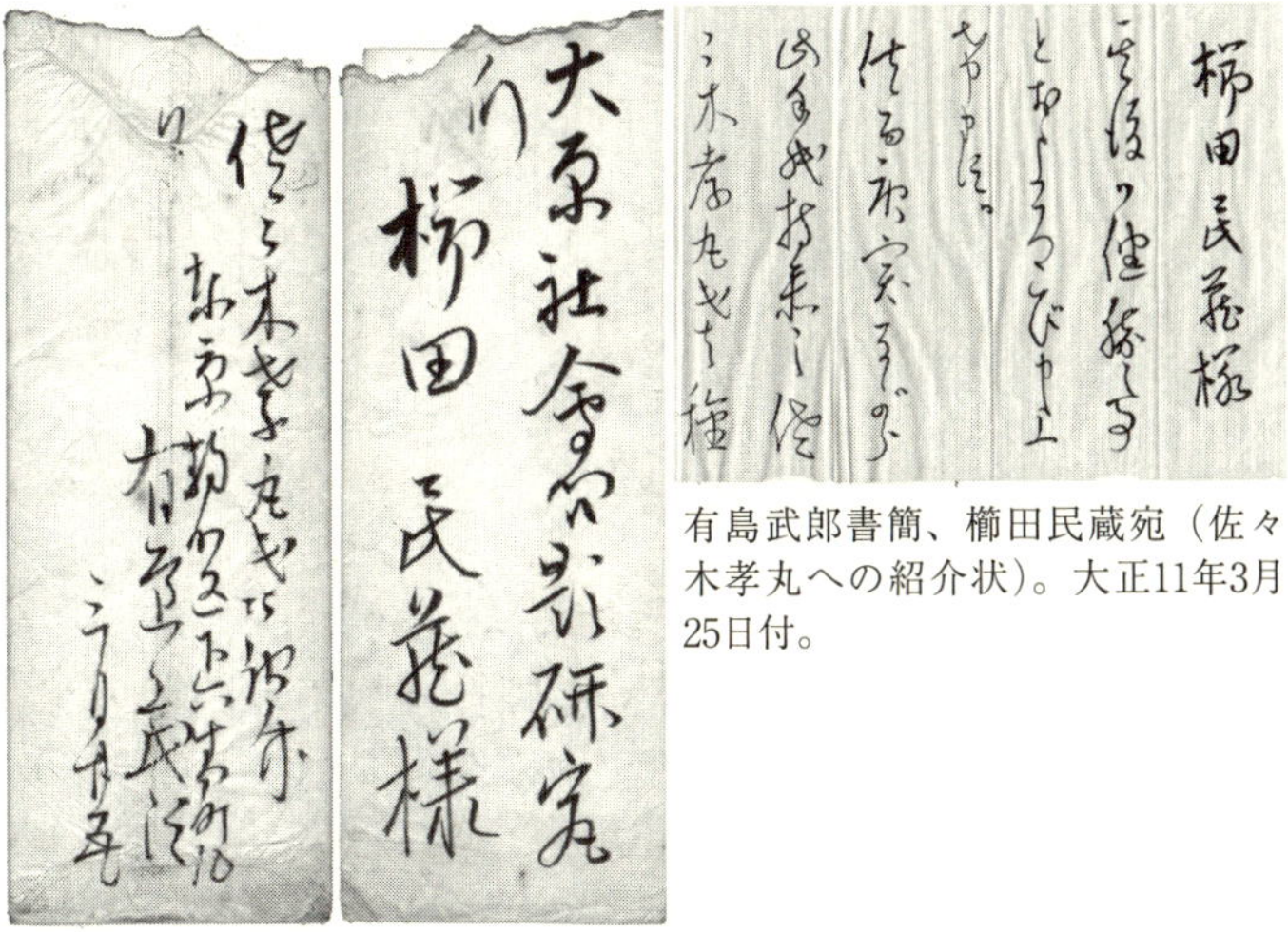

有島武郎書簡、櫛田民蔵宛（佐々木孝丸への紹介状）。大正11年3月25日付。

翌大正十二年春、自然科学叢書シリーズのために、ドイツから帰国して間もないマルクス主義経済学者の櫛田民蔵に原稿を依頼することになり、面識のない佐々木は社長の足助を通じて、櫛田と親交のあった有島に紹介状を書いてもらっている。その有島直筆の紹介状の現物が私の手元にある。

封書の表には「大原社会問題研究所　櫛田民蔵様」。裏は「佐々木孝丸氏御紹介　東京麹町区下六番町九　有島武郎　三月廿五日」。文面は、

「櫛田民蔵様　其後御健勝の事とおよろこび申上ます。さて唐突ながら此手紙持参の佐々木孝丸氏は種播社の同人で同時に書店叢文閣の出版の後見をして居られるのですが　叢文閣の出版事務について御願ひの筋があり拝眉を得たい故　其儀を御紹介するやう御申出がありましたのでこれを認めます。御繁多の処恐れ入りますが一応御面会下されば仕合せに存じます。叢文閣主があなたをお知り申してゐませんので其依頼により私から御紹介申上

げる次第です。三月廿五日　有島武郎」

となっている。

同じく大正十二年春、詩人の佐藤青夜が佐々木に耳寄りな話を持ち込んだ。新宿の中村屋が麴町に大名屋敷を買い、相馬愛蔵・黒光夫妻がそこの土蔵を改造して小さな劇場にしたいという。そこで土の会を朗読会から発展させ、新たに劇団を作って演劇をやろうという話になった。佐々木は喜んでこの誘いに応じた。中村屋の土蔵は「土蔵劇場」と名付けられ、小劇場運動のパイオニアとして新たに劇団「先駆座」を創設した。メンバーは秋田雨雀を中心として、土の会から佐々木と佐藤青夜、種蒔き社から舞台美術担当として柳瀬正夢、そのほか数人の演劇青年が参加した。先駆座第一回試演の出し物はストリンドベリーの『火あそび』と秋田雨雀の『手投弾』。佐々木は『火あそび』で主役を演じた。いよいよ四月二十日、初日の幕が開いた。

「観客は全部会員組織で、申込み順に、こちらの名簿には番号を付けておいた。その一番が島崎藤村、二番が有島武郎、たしか四・五番どころに水谷竹紫、水谷八重子さんたちの名があったし、殆んど全部が文壇の人たちで、今、その名簿が残っていれば、ちょっとした『博物館もの』でなかなか面白いのだが……。芝居の出来はともかくとして、せまい空間を巧みに活用した柳瀬の独創的な舞台装置は、特に、人々を感嘆させた」(『風雪新劇志』)

初代・水谷八重子は自伝『女優一代』でこう書いている。

「室内劇というのは、当時では一つの演劇実験教室だったといえましょう。創作劇場の外にも秋田雨雀先生や佐々木孝丸さんが、新宿の中村屋の土蔵を借りてやっておられ、その名も土蔵劇場として、創作劇を主に上演されていたようです」

古い大名屋敷の土蔵、そこを改装した小劇場、大正時代の新劇……、ああ、想像しただけでワクワクする。

芝居が終わって、佐々木に有島武郎が声をかけた。

「君にはコメディアンの素質がある。真剣に芝居をやってみませんか」

私が知っている戦後の佐々木孝丸という俳優を思い浮かべると、このとき有島が言ったコメディアン、という言葉が私には意外だが、もしかしたら深い意味があったのかもしれない。有島から「真面目に言葉をかけられた」と佐々木は書いているから、軽い思いつきではなく、有島は佐々木の演技に何かを感じ取ったのだろう。佐々木にはその言葉の本心をもう一度有島に問うことはできなかったが、「真剣に芝居を」という有島の言葉をしっかりと受け止めた。「そして、芝居に対する私の病は、いよいよコウモウに入ることとなったものである」（『風雪新劇志』）

有島武郎はこのとき、すでに妻を亡くして独身だった。そののち、次々と『カインの末裔』『生まれ出づる悩み』『迷路』『或る女』を発表し、白樺派作家として活躍するが、大正十年七月から書き始めた長編『星座』は途中で筆を絶ち、創作意欲を失っている。翌年一月に雑誌『改造』に発表した「宣言一つ」を要約すると、「社会変革は労働者階級自身の力でやるべきであり、自分は知識人として変革の主体にはなれず、支配階級に組み込まれていくだけだ」と自己規定している。有島のこの宣言は当時の社会主義者らから反発を買った。このころ、北海道の広大な有島家の領地を小作人に開放している。有島がいつから自らの〝滅び〟や〝死〟を予感していたかは不明だが、文学者として宗教や政治思想、階級闘争など、社会変革しようとする大正デモクラシーの波を実感していた。傾倒していた社会主義思想や、またキリスト教への信仰的懐疑心が生じて感化されていた内村鑑三からも離れ、悩みは深かったと推測できる。

大正十一年九月に、有島は帝劇でのアンナ・パブロワのバレエ『瀕死の白鳥』を観に行くが、席を前後したのがきっかけで『婦人公論』の記者をしていた波多野秋子を知り、このあと秋子の方から有島へ手紙を出して原稿の執筆を依頼し、二人の交際が始まったとされる。有島と親交のある秋田雨雀もこの『瀕死の白鳥』を観ていた。九月二十二日の日記に「夜、帝劇へ行く。アンナ・パヴローヴァのダンスをみた。すてきな完成品だ」と秋田は書いているが、このとき秋田が有島と秋子を見かけたとは書いていない。佐々木孝丸が叢文閣に入ったのはちょうどこのころで、足助と有島の酒の付き合いにお供するようになるのもこのころからだった。

佐々木は大正十二年四月に、先駆座の芝居のあとで有島から素養があると言われていよいよ芝居に熱を入れるようになるのだが、叢文閣での仕事も山積していた。アンリ・バルビュスの小説『クラルテ』が叢文閣から小牧近江との共訳でようやく出版されたのは四月十二日（佐々木は自伝に五月に出版されたと書いているが、私が所有する初版本ではこの日付）。これは柳瀬正夢が表紙・装幀を手がけていて、素晴らしいものだ。

そしてこののち、神田の中央仏教会館で出版記念文芸講演会が催され、講師に秋田雨雀と有島武郎が演壇に立った。

「有島さんは、壇上の黒板に図解したりしながら、大学で講義でもするような穏やかな調子で、唯物史観と文芸に就いて、一時間以上も諄々と説いてきかされた。私は深い感銘を受けたが、そのときには、これが有島さんの最後の講演――であるばかりか、公衆の面前に姿を見せる最後であろうなどとは、夢にも思っていなかった」（『風雪新劇志』）

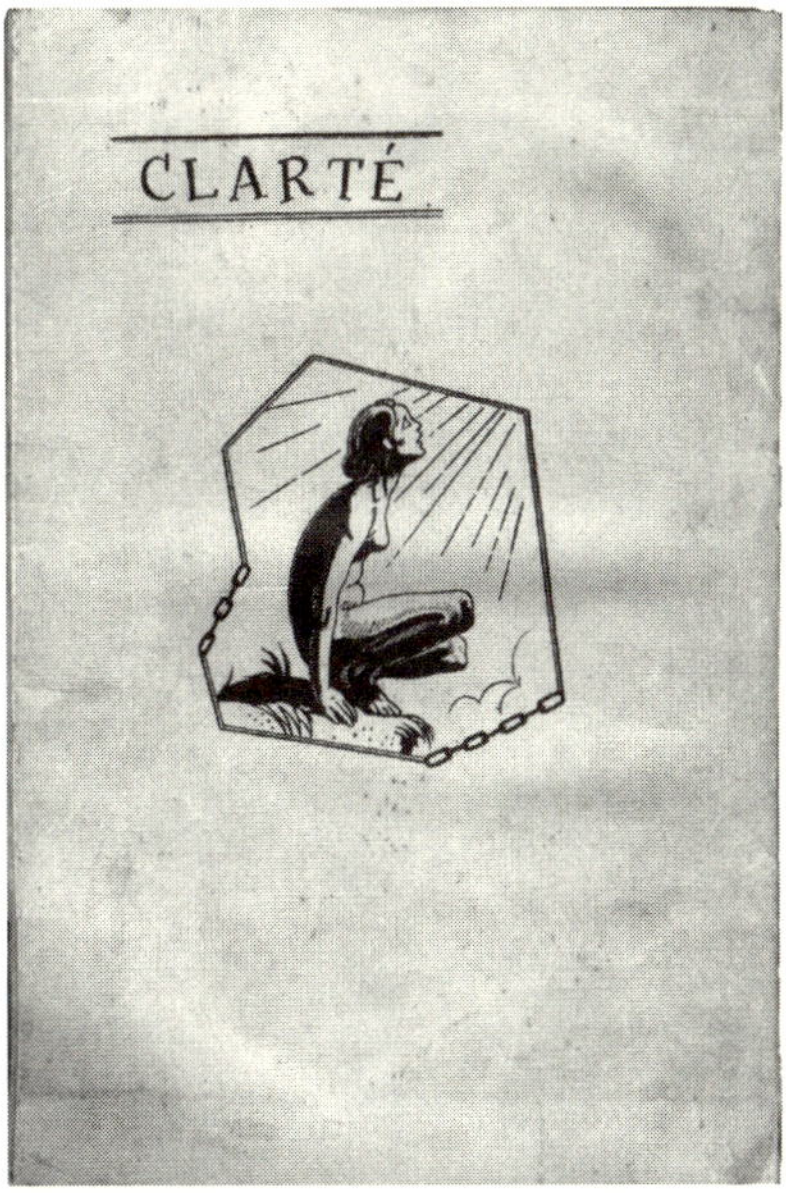

『クラルテ』アンリ・バルビュス著、小牧近江、佐々木孝丸訳、柳瀬正夢装幀、大正12年4月12日、叢文閣発行。

六月二十三日には、種蒔き社主催で「三人の会」がおこなわれた。中村吉蔵、小川未明、秋田雨雀の三人をねぎらう会である。発起人は有島武郎らの名が並べられた。会は盛況だったが、佐々木は有島が姿を見せないのでやきもきしていた。そこへ体調不良で東大病院に入院中だった叢文閣の足助素一が病体を押して姿を見せ、会場の外に佐々木を呼び出し、有島は来ているかと聞いた。佐々木が来ていないと答えると、「やっぱり来ていませんか」と、暗い表情を見せた。足助はこのときすでに有島から波多野秋子との関係で悩んでいたことを打ち明けられていて、家出した有島の行方をごく少数の人たちとひそかに探している最中だった。もしかしたら交流の深かった秋田に会いに来るかもと思ってここへ来たのだった。足助は佐々木に、有島がある女性と恋愛関係に陥り目下二人で姿を隠していることを告げて、会には参加せずにそそくさと帰った。

秋田雨雀も会の発起人の有島を待っていたが、いくら待っても現れなかった。会は宴もたけなわになると、スピーチをやる者が主賓そっちのけで政治論・思想論を主張して野次と怒号の応酬になり、佐々木たちの制止も聞かず「アナ・ボル闘争」、いわばアナーキズムとボルシェヴィズム、または無政府主義者とマルクス主義者（または社会主義者）の内ゲバの場に一変してしまった（ただし外からは同じような連中と見られていたようだ）。

「若い詩人たちがテーブルに乗っかってビール瓶を振り上げたりした。この闘争は一見痙攣的で、児戯に類したものであったが、我が国における集団主義的思想の決定的な前進を示すものだった。すなわち、アナ・ボルの共同戦線が完全に破壊されたのだった」（『雨雀自伝』）

そして七月七日。この夜、麴町の土蔵劇場での第二回先駆座試演を秋に演ることが決まって、佐々木たちは先駆座の連中と新宿の中村屋の二階に集まって朗読会を開いた。会は長引き、秋田雨雀の帰路に合わせて佐藤青夜と佐々木と三人で秋田宅へ向かっていた午前二時ごろ、雑司ケ谷鬼子母神の通りで一台の車が三人の横で停まった。車から『東京日日新聞』の記者が降りて来て、秋田に「たった今秋田さんの家に行って引き返す途中でした」と言い、有島武郎が軽井沢の別荘で或る夫人と情死を遂げたと伝えた。記者はその女性に心当たりはないかと聞き、佐々木は思わず心のなかで、「やった！」と叫んだ。これは「とうとうやってしまった！」と言い換えた方がいいだろう。先月末の三人の会に有島が姿を見せなかった際、探しに来た足助素一はある女性と二人で失踪したと言っていた。そのとき足助は女性の名前を言わなかったが、佐々木はとっさにある女性を思い浮かべた。「津田英学塾出身の文学趣味豊かなインテリ婦人で、夫君は代議士、金があって子供が無くて、暇を持て余していて、暇つぶしかたがたフランス語の勉強をしている」S夫人である。佐々木はアルバイトにそのS夫人のフランス語の勉強の相手をしていて、有島武郎の信奉者であった彼女はことあるごとに有島とは親密な関係にあることを得意げに語っていた。しかしこれは佐々木の思い違いで、心中の相手はS夫人ではなかった。二十代半ばの佐々木はこのあとすぐに自分の見当違いを知り、人間を見る目のなさ、とくに男女関係の複雑さを痛感して反省することになる。しかしながら、佐々木がすぐに特定の女性を思い浮かべるほど、有島の周辺には〝心当たりの女性〟が多く存在したということだ。

秋田と佐々木と佐藤は、雑司ケ谷の通りに長い間立ち尽くしていた。

「そしていつの間にか、私はおいおい声を挙げて、子供のように泣いていた……」（『風雪新劇志』）

秋田は自伝にこう書いている。

「私は電気に打たれた人のように路上に直立して手を固く握りしめていた。何とも言い難い『怒りの感情』が私の身内を掻き回しているように感じた。見ると、佐々木孝丸は二、三軒先の小暗い軒燈の下で子供のように声を立てて泣いていた。私はあまりの驚きに涙も出なかった。『死ぬはずはない……死んでいられないはずだ』と私は口の中で独りごとをいいながら道を歩いた。（略）彼の死の相手の女性は婦人公論の記者で、しばしば私たちを訪問して来たことのある波多野あき子であった。私たちは鳥取旅行の際、この女性から贈られたシュークリームが途中で箱の中でめちゃめちゃに壊れて、溶けてしまっていたことを思い出した。しかし、あき子は魅力のある美貌な女性であった」（『雨雀自伝』）

有島武郎の死は周辺の人々に大きな衝撃をもたらした。有島と波多野秋子が親密な関係になったのはこの年の春ごろ。六月になって二人は失踪。有島は八日に足助素一と会って悩みを打ち明けるが、足助の説得を振り切って二人で軽井沢の別荘・浄月荘へ行き、九日、秋子の腰紐と伊達巻でともに縊死した。四十五歳の名士と、三十一歳の美人記者で人妻。男盛り女盛りの二人だった。死後一カ月経って腐乱した遺体が見つかったことも、人々の噂の広がりに拍車をかけた。秋田が汽車のなかで見た「めちゃめちゃに壊れて溶けてしまったシュークリーム」が、まるで二人の愛の行く末を暗示しているようでもあった。大正時代の男女の潔癖性と厭世的虚無観が二人を死に追いやった、と言えば言えないこともないのだろう。

七月十三日に帝国ホテルで催された有島武郎の初七日に行った秋田は、故人との出会いを出席者五十名ほどがそれぞれに語るのを聞きながら、「ぼくは涙がでてしかたがなかった」と日記に書いている。相馬黒光はそんな秋田のように悲愴的で情緒的な捉えかたではなく、二人の情死をもっと客観的に、ドライに受け止めていた。ひたすら死に向かう火のような恋愛が自分たちの周辺で起こったことは、怖いことであり、引きずり込まれないよう用心すべきことなのだ、と。というのも、七月十四日に土の会の朗読会があったが、その夜は朗読を中止し、有島の情死の話題に尽きた。秋田雨雀は日記にこう記している。

「きょうは朗読をしないで、有島事件の批評や談話で賑わった。主人も細君もでてきて、恋愛論に花が咲いた。――近火ですね。御要心《ママ》――と黒光女史は笑っていた」

相馬黒光のこの言葉と〝笑い〟が、秋田にはことさら意味ありげに聞こえたようだった。黒光は誰ともなくふと漏らしたのか、それともこの場にいた特定の誰かに向けて言ったのか。たとえば夫の愛蔵がしばしば愛人のもとに通っていることに対する（しかも周辺に噂されていることに）、妻としての苛立ちがあったのか……。

日記にあるように、秋田から見れば有島武郎と波多野秋子の情死は〝事件〟だった。秋田は七月十日の日記にこう書いている。

「波多野主人が有島君を脅迫していたということをきいたので、不快な気持ちがした。（略）波多野主人は偽善者で、かなり悪党らしい。この事件には一種の犯罪性が潜んでいるような気がした」

これは秋田だけではなく、当時の一般的な（良識的な？）人々から見ても〝事件〟であり、有島武郎は波多野秋子夫婦に殺された被害者、というふうに捉えられていたのかもしれない。しかしまた、もともと「死」に向かっていた男と、自我に目覚めて「人形の家」から逃げ出したいと思っていた女が、偶然（必然？）出会って惹かれ合い、互いに悲観して一緒に死んだ、とも考えられる。恋愛はときに「生」

ではなく、「死」に向かうこともあるのだ。「死」に向かわせるものが時代なのか、個人的な環境なのか、二人の特異な人間性なのか、ほかに何かあるのか、それは誰にもわからない。秋田はこう結論づけた。

「有島の死は、恋愛によって生じた刑事問題事件と、彼の虚無主義的哲学思想によって決行されたものであるという結論がついた」(『雨雀自伝』)

大正十二年八月に入り、足助と佐々木は連れ立って北海道へ出向いた。「有島武郎全集」編纂の準備ではあったが、北海道は有島と足助の友情が固く結ばれた地でもあり、共通の友人や有島の北大時代の教え子が多くいた。この地でひと夏、彼らとともに故人を偲ぶことで足助の心は少しは癒されたようだった。


しばらくして佐々木は足助と別れ、八月末に帰京。九月一日昼前、叢文閣へ出かけようとしている最中、突然グラグラっときて、家中のものがひっくり返った。関東大震災である。佐々木はこのとき、一家三人で駒場農大裏門の三角橋近くの借家に住んでいた。

「オヤッと思ううちに本箱はひっくり返る、タンスは倒れる。家の外に遊んでいたひとり娘を抱きかかえて、近くの原っぱの安全な場所へ無我夢中で逃げた記憶があります」(『日本の百年　震災にゆらぐ』付録5「座談会・わたしの記録と体験」)

余震は続いたが、揺れがひとまず収まってから佐々木はあり合わせた塩豆を一握りポケットに入れて、牛込の叢文閣まで歩いていくと、東京の市街地は中央部から下町あたりが火の海になっていることがわかった。やがて天災が人々に社会不安や脅威を与え、戒厳令が敷かれ、流言飛語が飛び、朝鮮人に対する虐殺行為など混乱に乗じて暴力という人災を引き起こすことを、佐々木は目の当たりにするのである。

その象徴的な被害者となったのがアナーキストの大杉栄だった。九月十六日、大杉栄と伊藤野枝ら三人が麹町憲兵司令部へ連行され、憲兵大尉甘粕正彦らに殺害された甘粕事件である。佐々木は、名の知れたアナーキストでエスペランティストでもある大杉とは直接面識はなかったようだが、大杉が有島武郎に自身の活動費を要求していたことは周辺に噂されていたし、また足助や秋田を通じて名前はよく耳にしていたと思われる。大杉の元愛人だった神近市子と親交の深かった秋田雨雀は、大杉という人間をこのように鋭く評していた。

「大杉栄は進歩的な思想家で、一種のアジテーターであった。軍人の子供で、外国語学校の仏語科を出た語学のよく出来る男であった。実行性の比較的乏しい人で、むしろ科学者らしい素質を持っていた。個人的には性格の弱さを持った男であったが、集団的にはいつでも自分を前に突き出さないではおかないところがあった。また旧道徳に対する意識的反抗の態度を誇示するような傾向は、保守主義者に対して彼の不道徳性を宣伝させることに便利を与えていた」（『雨雀自伝』）

このころはまだ「アナ・ボル同居時代」で、アナーキズムとボルシェヴィズムは酔っぱらうと乱闘騒ぎを起こすなど、いがみ合ってはいたが、反体制でインターナショナルという点では同じ仲間だった。それがこの関東大震災を契機に、昭和へと続く軍当局の弾圧によって互いの溝は深くなっていった。

震災の打撃は大きかったが、佐々木は叢文閣へ毎日通い、「有島武郎全集」出版の仕事に追われた。

震災で麴町の中村屋の土蔵が破壊されて土蔵劇場の再開は不可能になり、先駆座の活動は一時休止になったが、先駆座団員の誰もが演劇への意欲を失うことはなかった。

だがこの大正十二年で、雑誌『種蒔く人』は終止符を打つことになった。同人誌ではあるが文芸誌ではなく政治問題を扱う雑誌だったので、震災以後それが困難な社会状況になったことが考えられるが、直接の廃刊の理由は二つある。一つは経済的な理由。発売禁止を受けて雑誌の売り上げが激減し、また種蒔き社主催の講演会が当局の干渉や弾圧にあったことにより収入が激減。もう一つは同人の間で運動方針に食い違いが出てきたことだ。運動方針の一つは、『種蒔く人』を再建して発行すること。もう一つは時代状況の変化で当局の検閲が厳しくなり、『種蒔く人』のようなラディカルな雑誌を出すのは無理であり、純粋な文学運動を扱う雑誌を出そうという意見。すでにこのころから、いわば二つの流れが拮抗し、もつれ、激しく対立するようになった。一つは政治・社会的闘争、一つは芸術至上主義的な思想。文学・美術、演劇など芸術にかかわる者のほとんどがこのことに悩んだ。

翌大正十三年の四月に、先駆座の第二回公演がおこなわれた。土蔵劇場が震災で使えなくなり、場所は早稲田のスコット・ホールになった。出し物は秋田雨雀『水車小屋』、ストリンドベリー『仲間同士』、アナトール・フランス『運まかせ』。佐々木は翻訳、演出、出演。女優も素人ではなく花柳はるみを起用した。

この時代の演劇はすべて警視庁の検閲を受けることが義務付けられていて、秋田がそれを受け持っていたので神経をすり減らしたが、やがてそれも報われる。ずっと彼らの稽古に立ち会ってきた秋田は、初日の幕が開いた四月二十六日の日記にこう記している。
「夜驚くべき感激！　アナトオル・フランスもよかった。水車小屋もよくなった。言葉に非常な力が生まれてきた。ストリンドベルヒの花柳君のベルタは実に立派だ。今夜はじつに愉快な力強さを感じた」

　この年の五月、旧種蒔き社が解体再編して「文藝戦線社」を作り、新雑誌『文藝戦線』が創刊された。内容方針は、政治問題をできるだけ避けて文芸専門雑誌とした。同人は大正十年十月の旧種蒔き社設立当時は八人だったが、メンバーの一人だった山川亮が抜けて青野季吉、前田河広一郎、平林初之輔ら六人が新たに加わって十三人になった。

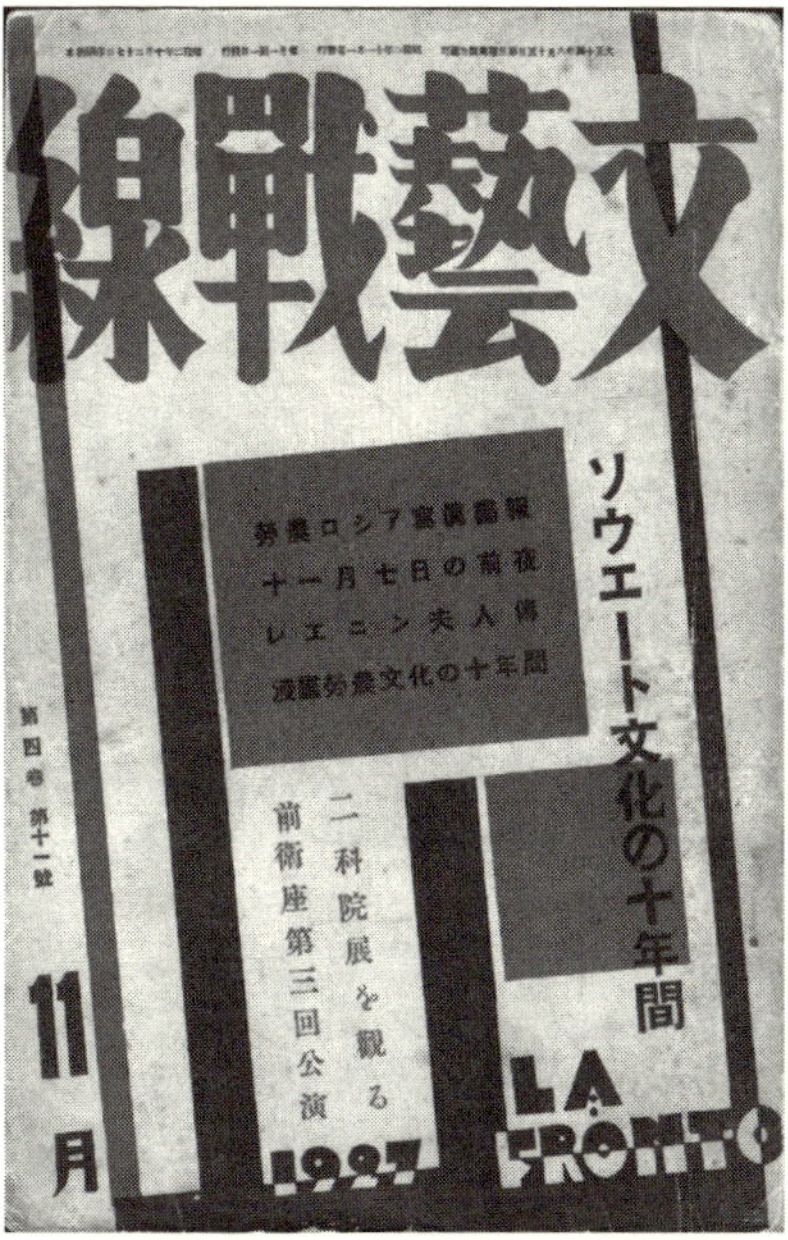

雑誌『文藝戦線』昭和２年11月号。表紙・村山知義。

　六月、小山内薫と土方与志《よし》によって、日本初の新劇劇団による常設の劇場と付属劇団「築地小劇場」が、〝演劇の実験室〟を標榜して誕生した。演劇を大衆のものとし、社会の進歩的な側面を見せることを宣言した。この四年後の昭和三年（一九二八年）に小山内が急逝して築地小劇場は分裂し、佐々木は新たに誕生した新築地劇団から参加するようになる。

大正十四年の五月、先駆座第三回の公演が万世橋アーケードホールでおこなわれた（『風雪新劇志』では第三回公演は大正十三年の秋とされているが秋田雨雀日記の日付が正しいと思われる）。ユージン・オニール『鯨』、秋田雨雀『アイヌ族の滅亡』、長谷川如是閑『エチル・ガソリン』。『エチル・ガソリン』は資本家と労働者の対立を描いた表現派風の風刺喜劇。佐々木は三本ともに重要な役を演じた。今回もすべて前回同様、柳瀬正夢の舞台装置が好評を博した。ちなみにユージン・オニールはアメリカの劇作家でノーベル賞受賞者。娘のウーナはのちに喜劇王チャップリンの最後の妻になっている。長谷川如是閑は大阪朝日新聞社の社会部長のときに白虹事件（大正七年に『大阪朝日新聞』の記事が当局によって筆禍とされた言論統制事件）での引責で退社したジャーナリストであり、社会性の強い批評や作品を発表した。

ちなみにこのとき、初めて先駆座公演を観に来た人物がいた。村山知義である。村山は大正十二年に尾形亀之助、柳瀬正夢らと前衛美術集団「マヴォ」を結成していて、彼らを引き連れてこの公演を観に来た。おそらく、大正十年の『種蒔く人』創刊以来佐々木と懇意の柳瀬正夢から、先駆座のことを聞いていたのだろう。

「これが私が日本の多少とも社会主義的な芝居を見た最初の経験であり、秋田雨雀、佐々木孝丸、仲島淇三《きぞう》、荻郁子ら、のちに親しくなった人々に初めて会った日であった」

村山は自伝にこう書いているが、このときの公演は期待外れだった。

「築地小劇場で仕事をしていた私、ドイツの芝居を見てきた私には、劇場そのものからしてあまりに貧弱で、素人くさく、また内容も別に社会主義的でもなかったので失望した。私はマヴォ一党を引きつれて行って、軽蔑したような顔つきで引き揚げたことを覚えている」（村山知義著『演劇的自叙伝　2』）

大正十四年、関東大震災後のこの年の公演が、やがて先駆座からトランク劇場、前衛座へと続く、激動の昭和への新劇の歴史的な一里塚になるのである。

このころ、エスペラント運動の国際的な統一組織「万国エスペラント協会」など、〝国際的な赤色エスペラント協会〟（『風雪新劇志』）の存在を知った佐々木ら日本エスペラント学会は、そこに加盟する。送られてくる出版物に社会主義的な文芸作品や政治的なアピールがあり、各国の無産者階級作家や労働者などの団体が国際的に団結すべきと書かれていた。それに刺激を受け、佐々木たちの周辺にもそれにこたえるような組織を作ろうという気運が高まり、「日本プロレタリア文芸聯盟」（プロ聯）が発足した。十二月の創立大会で佐々木は議長をやらされ、会場荒しに来たアナーキストに殴られるという損な役割をさせられたと自伝に書いている。プロ聯の当初の目的は、文学や美術や演劇を「労働運動に役立てる」という、素朴なものだった。

大正十五年一月、東京小石川の博文館印刷所（のちの共同印刷所）で労働者の首切りに端を発したストライキが起こる。関東大震災後に日本経済は打撃を受け、銀行手持ちの手形が決済不能となって〝震災手形〟が膨大に膨らみ、これがやがて昭和恐慌につながって不況・恐慌の時代に突き進んでいく矢先だった。

やがて組合の争議団幹部だった植字工の徳永直がプロ聯に支援を依頼してきた。このとき、佐々木は同人誌や演劇活動に熱中し、叢文閣を辞めて浪人中だった。当時のハヤリの言葉で言えば、貧乏暮らしの〝ルンペン・インテリゲンチャ〟である。佐々木はプロ聯演劇部として二月二十六日、「トランク劇場」と銘打って労働争議の現場に初めて〝出動〟した。これが日本における移動演劇のハシリとなり、演劇と労働者が結びついた〝プロレタリア演劇〟の魁《さきがけ》となった。トランク劇場とは、トランクのなかに芝居に必要な道具を詰めて「いつでもどこでも手軽に素早く」出かけられる劇団だ。メンバーは佐々木を含めて九人。出し物は『エチル・ガソリン』と『或る日の一休』。何しろ急なことで佐々木ら旧先駆座メンバーはこれをやるしかなかったが、労働者からは拍手喝采で喜ばれ感謝された。動員された警官も観客の組合員たちと一緒になって笑っていたというから、このころの争議にはのどかな雰囲気もあったのだろう。またプロ聯美術部にいた柳瀬正夢や村山知義らが街頭に立って似顔絵を売り、その揮毫料を争議団に寄付した。

トランク劇場は十月に二回目の公演、久板栄二郎作『犠牲者』を上演する。だが結局、徳永直ら印刷所争議団は敗れ、徳永は千七百人の労働者とともに解雇された。徳永はのちにプロレタリア作家となり、この労働争議を題材にして昭和四年に発表した小説『太陽のない街』で広く知られることになる。

トランク劇場の一回目と二回目の公演の間の五月に佐々木はマルセル・マルチネの『夜』を翻訳して金星堂から出版し、それを築地小劇場で第五十四回公演にという話が舞い込んだ。左翼劇場ならともかく、観客に文化人や知識人が多い築地のような劇団で急進的な革命劇をやることに驚いたが、佐々木は快諾し、脚本を協力。『夜』は大反響を呼び、アンヌ・マリーを演じた山本安英《やすえ》はこう語っている。

「観客は私のセリフごとに破れるような拍手で、楽の日などは興奮のあまり、椅子を持ち上げて騒いだほどの築地小劇場始まって以来の驚くような熱狂ぶりでした」

〝ルンペン・インテリゲンチャ〟にも妻子がいるので働かなければならず、叢文閣を辞めたあと、佐々木は『文藝戦線』同人の松本弘二の紹介で出版社アルス編集部に籍を置く。このとき、アルス社主・北原鉄雄の兄で詩人の北原白秋に出会ったことは佐々木にとって幸いではあったが、すぐに企画編纂した「アルス文化大講座」が失敗に終わるとまたアルスを辞めた。そうなると、佐々木が収入を得るには翻訳しかない。どうにかありついた「世界童話大系」のフランス語の翻訳をしながら、それ以外の翻訳にも手を出す。当局の検閲で大部分が伏字・削除となり公然とは出版できないような、艶本・好色本の翻訳である。私が古書店で入手したジョン・クレランド著、佐々木孝丸訳『ファンニー・ヒル』がそれで、見開きにいきなり朱色の「発禁本」の印鑑が押されている。昭和二年一月二十日の発行で、発行元は文藝資料研究会編纂所という怪しげな出版社。発行人は上森健一郎となっている。この文藝資料研究会というのは大正末期から昭和初期にかけて〝猥本の帝王〟と言われた梅原北明が作った出版社で、当局の弾圧にもめげず果敢に艶本を企画しては発禁・発行を繰り返した。そんな梅原も元は早稲田を中退して社会主義思想に傾倒していた〝左翼くずれ〟であり、配下の上森健一郎（別名、上森子鉄）も〝アナーキスト闘志くずれ〟だった。

翻訳を依頼してきたのは上森健一郎で、佐々木のみならず当時の左翼インテリの多くが左翼組合闘争の資金稼ぎのためにこうした仕事を引き受けていた。ちょうど同じころ、村山知義がこの文藝資料研究会から『変態芸術史』を実名で出している。村山も恐らく組合へのカンパという誘いだったのだろう。佐々木の場合は匿名という約束だったにもかかわらず、おまけにまだその本も手にしていないのに警察に寝込みを襲われて連行された。この翻訳の顚末は松本克平著『私の古本大学』に詳しい。

「実はこの翻訳には事情があったのである。鈴木文治会長の総同盟から分裂した『労働組合評議会』という左翼の組合から基金をたのまれた佐々木は、発行兼出版人の上森健一郎がこの本の売り上げの幾らかを評議会の基金に寄付するから頼むというので、ヨシキタとばかりに引き受けて徹夜で仕上げたのであった。変名にする約束であったのをオッチョコチョイの上森が本名で出版したので飛んだトバッチリが佐々木にかかった次第である。結局、佐々木は一文にもならず、基金の方もどうなったか不明のまま、文藝資料研究会の令名を天下に高めるために一役買わされたのであった」

松本はそう書いているが、上森健一郎はオッチョコチョイだったのではなく、翻訳者の名前をわざと実名で出版したと思われる。その方がセンセーショナルであり、事実それが話題になって本の宣伝になったからだ。それにまた村山知義の自伝には、梅原北明が大正十五年ごろに雑誌『文藝市場』を発行したとき、文士の生原稿を街頭でビール箱の上に置いて叩き売りして新聞も騒ぎたてたことを書いているからだ。村山もそのたたき売りの宣伝に駆り出されて恥ずかしかったこと、またそこに金子洋文や佐々木孝丸の原稿があったことも書いている。

梅原北明は当局の手から逃れ上海や満洲で出版活動をしたが、敗戦の翌年に発疹チフスで死去。梅原と同年の上森健一郎は菊池寛の書生を経て梅原の下で働き、戦後は『キネマ旬報』の編集長や〝総会屋〟として暗躍した。

　こうして一躍名を馳せた文藝資料研究会はこれ以後、大っぴらに新聞広告を出し、装幀にも手をかけて堂々と発売されるようになった。今ではこうした艶本は古書店で驚くほどの高値がついている。

　驚くのはこの当時、当局の眼から見れば左翼雑誌もエロ本も同じように〝社会秩序を乱すいかがわしい〟書物とされたことだ。難解な左翼思想の出版物と、男女の性をあからさまに描いて挑発するような艶本は、一見すると硬派と軟派で正反対に映る。だが、大正デモクラシーの昂揚で起きた労働運動や様々な人権運動を正当化する思想と、〝産む性〟ではない〝快楽の性〟の氾濫は、軍国主義に進もうとする国家にとってはともに邪悪で、弾圧すべき対象だったのだろう。

　大正十五年の春から夏にかけて叢文閣とアルスを相次いで辞めて浪人中の佐々木は、『文藝戦線』同人の青野季吉の誘いで信州の角間温泉でひと夏を過ごすことになり、そこでせっせと翻訳の仕事をした（例の『ファンニー・ヒル』を翻訳したのもこのときである）。その佐々木の元に、かつて築地小劇場にいたプロ聯の千田是也（明治三十七―平成六年）から手紙が届いた。『無産者新聞』主催で「無産者の夕」が開かれることになり、プロ聯がそれを引き受けたのですぐ帰ってほしいということだった。ちょうど千田は築地小劇場を辞めてもっと左翼的な演劇に身を投じようとしていた。ちなみに千田是也は芸名で、佐々木より六歳年下。本名は伊藤圀夫《くにお》。関東大震災が起きた際に千駄ヶ谷で自警団に朝鮮人と間違われたことから、〝千駄ヶ谷のコレアン〟をもじって芸名にしたという。当時は土方与志の美術研究所から築地小劇場創立に参加していた。

千田からの手紙で佐々木は青野と相談した。ブルジョア劇団に正々堂々と立ち向かう本格的なプロレタリア劇団――、思想的にも芸術的にも新劇全体の先頭に立つアヴァンギャルドな劇団を作るべきだ、と青野が提案すると、佐々木は少なからず興奮し、青野の意見に賛成した。

佐々木と青野が「秋風と一緒に東京へ帰ってみると」(『風雪新劇志』)すぐに、大正という時代が終わった。関東大震災までの、大正デモクラシーを運ぶ風は薫風で爽やかに思われたが、やがて秋風は暗雲とともに嵐を呼ぶ暴風となった。

第二章　ああインターナショナル

映画のなかの「インターナショナル」

起《た》て飢《う》えたる者《もの》よ　今《いま》ぞ日《ひ》は近《ちか》し
醒《さ》めよわが同胞《はらから》　暁《あかつき》は来《き》ぬ
暴虐《ぼうぎゃく》の鎖《くさり》断《た》つ日《ひ》　旗《はた》は血《ち》に燃《も》えて
海を隔《へだ》てつ我《われ》ら　腕《かいな》むすびゆく
いざ闘《たたか》わん　いざ　奮《ふる》いたて　いざ
ああインターナショナル　我らがもの
いざ闘わん　いざ　奮いたて　いざ
ああインターナショナル　我らがもの

（『プロレタリア歌曲集』ルビは筆者補足）

大正十一年（一九二二年）秋、代々木の農家の藪のなかで、日本で初めて日本語による革命家・労働歌「インターナショナル」が歌われた。

インターナショナルは十九世紀末フランスのパリコミューン蜂起の際、ウジェーヌ・ポティエの詩にピエール・ドジェーテルが作曲したもの。たちまちフランスの社会主義者や労働者の間で広く愛唱されるようになった。二十世紀にはロシア語に翻訳され、やがて世界中に広まった。

種蒔き社主催で、大正十一年十一月のロシア革命五周年記念日に大々的に歌おうという計画が持ち上がり、種蒔き社同人のなかから佐々木孝丸が歌詞を翻訳することになった。

『種蒔く人』創刊者の一人の小牧近江がフランスから持ち帰ったジョルジュ・ソレル編纂の『社会主義辞典』にインターナショナルの楽譜とフランス語の歌詞が掲載されていて、楽譜が読めない佐々木は音楽学校の学生だった友人、高橋均の助けを借りて一語一語日本語に直していった。一部にこのときの訳詞は小牧によるものだとする説があるが、それは間違いである。小牧はこの五年後の昭和二年（一九二七年）十一月号の『文藝戦線』に「インターナショナルを歌う」と題してこう書いている。

「（略）光輝ある『インターナショナル』への訳については大部頭を痛めた。何しろ歴史的なものだけにこれの定訳には各方面の委員会をという説、堺利彦氏にお願いするという説、秋田雨雀説といろいろあったが、何分期日の切迫しているのと、歌詞を知らぬのではという堺氏の話もあったので、佐々木孝丸君ということに一致し、『起て呪われし者』が生まれた次第だ。何しろ今いった即急を要する事情だったので、完全であるとか何とかいうことは別とし、本人の苦しみは随分ひどかったらしい。何ら節を知っていないものの訳詞だから弱ったらしい。それをかげで手伝ってくれたのが、当時『我等』の編集部にいた音楽学校生の高橋キン坊君である。キン坊君とは失礼な呼びつけかもしれないが、柳瀬正夢君が僕にそう教えてくれたのだった」

『種蒔く人』同人の金子洋文も、のちにこう書いている。

「『インターナショナル』の歌を、日本ではじめて歌い出したのも『種蒔く人』の功績と言えるだろう。そのときの歌詞も今うたっている歌詞も、ともに孝丸の訳したものだが、小牧に言わせると、はじめの訳の方がよかったし、今歌っている『あア、インターナショナル』はまちがっているという。『ラ、インターナショナル』とうたうべきだろう」（『種蒔く人伝』）

そうして出来上がったこの歌を、種蒔き社と「前衛社」「無産階級社」「暁民会」などの〝友好団体〟の連中も加わって代々木大山公園近くの農家に集合して練習した初日が、日本におけるインターナショナルの歴史的な第一声となった。当時二十四歳だった若い佐々木孝丸がどんな思いを込めて日本語に翻訳したのか。当時の若者たちがどんな思いで歌ったのか。大正デモクラシーの風に吹かれて真摯に、しかも朗々と歌い上げたかったであろう、彼らの希望に満ちあふれた表情が目に浮かぶようだ。しかし佐々木はそのときのことをこう記している。

「（略）幼稚園の園児よろしく、大まじめに口をぱくぱく開けて、調子っぱずれの声を張りあげていた光景は、もし傍で見ているものがあったら、さぞかし珍なものだったろうと思う」（『風雪新劇志』）

のちに佐々木はこのときの訳詩を歌曲の翻訳としては拙いやり方だったと反省し、昭和初期（昭和四年ごろか）に佐々木と佐野碩《せき》とで（最後のリフレーンを除き）ほとんどを改訳した。現在歌われているインターナショナルの日本語歌詞はこのときに改訳されたものである。

ところで肝心の十一月七日の牛込会館での諸団体主催のロシア革命記念日だが、講演会は登場の弁士が次々と警察の手で検束され、神楽坂署の留置所へ引っ張られた。主催者の小牧も開口一番「クラルテが……」と言いかけるやいなや拘束される始末。結局、このときのインターナショナル大合唱のもくろみは敢え無く消え去ったのだった。

この当時、日本の革命歌や労働歌と称される歌は、明治の自由民権運動から生まれた〝演歌〟を母体としている。まず労働運動が流れを受け継ぎ、明治四十年（一九〇七年）には『平民新聞』紙上で築比地仲助《じなかすけ》の「革命の歌」が掲載され、演歌師の添田唖蟬坊《あぜんぼう》やその弟子によって歌われて全国的に広まっていった。大正になると荒畑寒村が詩を書いた「ロシア革命の歌」が広く歌われ、大正十年には「川崎争議団の歌」という労働歌が広まった。この作詩は赤松克麿である。ほかにも「テロリストの歌」というのもあったそうで、このタイトルには驚かされる。また「メーデー歌」「赤旗の歌」が作られ、それらは第二回メーデーから歌われているという。大正十一年の第三回メーデーのときには、今日まで歌い継がれている「聞け万国の労働者」が歌われた。作詩は大場勇という労働者だった。

もう一つの流れはプロレタリア文芸運動の流れである。いつごろかが不明だが、おそらく大正デモクラシーのころから、プロレタリア文芸運動の流れが作られ、労働者による労働運動と分かれたものと思われる。インターナショナルのほかに、「ワルシャワ労働者の歌」（ポーランド・鹿地亘訳）、「くるめくわだち」（ドイツ民謡・小野宮吉訳）などがあり、『無産者新聞』などによって広く紹介された。インターナショナルは同人誌『種蒔く人』によるプロレタリア文芸運動のなかから生まれたものである。

序章で紹介したエピソードだが、昭和三十年ごろ、佐々木は東京郊外へ映画のロケーションに出かけていたとき、偶然、近くで若者たちのインターナショナルの合唱に出くわした。ロケ隊の一行も合唱に加わり、なかの一人が佐々木を誘ったのだが、佐々木は困り、言葉を濁して立ち去った。それから十数年後、佐々木がインターナショナルを歌ったという資料が見つかった。昭和六十一年十二月に佐々木の訃報を知った竹内義一氏が、日本エスペラント学会誌『La Movado』に「インターナショナルの旗高く――佐々木孝丸氏を悼む」と題して寄稿した文章によると、昭和四十三年に第五十五回日本エスペラント大会が札幌市で開かれたあと、佐々木を含めた一行が釧路に出かけることになったときのことだ。

「北海道大会のあと、私たちは大会が用意した道内の小旅行に出かけた。佐々木夫妻も一緒だった。札幌駅のコンコースで、私たちは釧路へ向かう夜汽車を待っていた。佐々木が佐野碩と共訳したインターナショナルが話題になった。『歌おうよ』という声があがった。佐々木は即座に『私はフランス語で歌うよ』といった。星田淳が『それなら僕はドイツ語だ』と応じた。私とほかのいく人かはエスペラントで歌うことにした。夜の札幌駅に、仏・独・エスペラントで歌われるこの革命歌が奔流のようにひびきわたった。駅員も乗客もだれも制止しなかった」

佐々木は自分が訳詞した日本語ではなく原詞のフランス語で歌ったということだが、なんだか私までそのシーンが目に浮かんでくる。その場の誰もが聞き入ったことだろう。そう思うと夜の札幌駅舎を超えて、今、私の胸にも歌声が響く。ちょっと感動的だ。

インターナショナルは平和を望む寛容で誠実な人々を魅了し、渦となって、世界に通用する数少ない国際的連帯歌となった。感動的で、感傷的で、元気が出そうで、切ない、忘れられた名曲となったこのインターナショナルは、今やほとんど映画のなかでしか聞くことができなくなってしまった。一世紀以上を経て人々の心にどう受け止められているのか、映画のなかで少しはそれを知ることができる。そのうちのいくつかを紹介したい。

『キャピタリズム　マネーは踊る』〈マイケル・ムーア監督、二〇〇九年、アメリカ〉

マイケル・ムーア監督はアメリカの銃社会や医療の問題にも果敢に挑戦している。二〇〇八年にアメリカがリーマンショックに陥ったあとの翌年、彼が資本主義をテーマに映画を撮ったというので早速DVDを購入した。見終わって、アメリカという大国の馬鹿馬鹿しさ、貧しさ、どうしようもなさに暗澹たる気持ちになったが、こんな映画をまたもや真正面からぶつかって撮った監督の勇気に頭が下がった。エンディングロールに明るくアレンジされたインターナショナルが流れたときは思わず拍手しそうになり、暗い気持ちが少しは払拭できた。いかにもアメリカっぽいカントリー調でポップス調、軽めのジャズみたいなインターナショナルだ。英語の訳詞か？　自然に身体がノッてくる。誰が歌っているのだろう。ジョン・デンバーか？　暗澹たる映画だったのに、ちょっと複雑な気持ちだ。もしかしたらアメリカはまだ希望が残っている国なのか？　そんなことを考えながら黙って聞いていた。

ムーアはこの映画で二時間以上、今やアメリカの疲弊した資本主義のペテンを暴こうと孤軍奮闘する。私は若いころ、いきなりマルクスの『資本論』を読もうと格闘して歯が立たず、ほとんどチンプンカンプンだったが、この映画でアメリカ近代史までしっかり勉強できたような気になった。ついでに、日本がアメリカの金儲けのおこぼれを頂戴しようと追従してきた戦後の歴史も思い出した。

私より五歳年下で、アメリカの黄金期を飾った自動車産業GM労働者の息子だったムーアは怒っている。今やリストラされた失業者が全米であふれているのに、ブッシュ大統領はしゃあしゃあと「資本主義には職業選択の自由がある」なんて言う。労働者の住宅ローンが破綻して手放した家を二束三文で買って売るハゲタカ、いや不動産業者。従業員に内緒で生命保険をかけて、その従業員が死んで保険金を得る大企業。破綻した銀行は税金を投入され、一パーセントの富裕層が九九パーセントの国民を食い物にする。もはやアメリカンドリームは夢も希望もない、かに見える。労働者がいきなり家も職も失うような元凶を作った犯人はマフィアなどではなく、その名も悪名高きサブプライムローン（低所得者向け住宅ローン、住宅資産の融資規制緩和策）を考えたＦＲＢ（米連邦準備制度理事会）議長のアラン・グリーンスパンだ。こんな規制緩和は、狐に鶏小屋の鍵を渡したようなものだとムーアは怒る。

第二次世界大戦後、敗戦国のドイツやイタリア、日本で保障された国民の権利――十分な教育・労働者の休暇・手ごろな家・年金・医療保険……、これらがアメリカでは今も保障されていないというのは驚きだ。資本主義も社会主義も富と権力が集中して腐敗が起きるという点で同じだから、ムーアは民主主義に希望を見出す。もっと民主主義を成熟させること。たとえば従業員全員がオーナーとなって給料を公平に分配する、企業の民主化と自治。それこそがアメリカを健全に再生させる方法だとムーアは言う。

映画はなんだかB級ホラー映画に似ているし、経済パニック映画で、勧善懲悪西部劇で、謎解き推理映画で、児童向け学習映画で、泣き笑い人情喜劇だ。人生はクローズアップで見れば悲劇だが、ロングショットで見れば喜劇だとチャップリンも言っている。「こんな国に住みたくない」とムーアは嘆くが、彼のような国民がいたらアメリカも何とかなるような気がするから不思議だ。彼の問題提起映画はどれも深刻なのにエンターテイメントで、ちっともジメジメしていないし暗くない。彼の投げる球が直球過ぎるからなのか。パワフルで挑発的な反骨のジャーナリスト・宮武外骨《みやたけがいこつ》にちょっと似ている。

ムーアは過激《ラジカル》かもしれないが、ラジカルというのは根源的とか、本質的という意味だ。人間が本来の人間らしい生活をしたいという、しごく当たり前のことを彼は言っているように私は思える。そしてついにアメリカ資本主義の搾取の構造が「狂ったカジノ」と気がついた国民の大半が怒り、バラク・オバマ大統領が誕生する。日本人の私も怒る。新聞やテレビのマスコミはいったい誰のためにあるのか。メディアがもっと本来の役割を果たすべきだ、と。アメリカのことと笑ってばかりいられない。国家ぐるみの「狂ったカジノ」は勝ち組と敗け組みを作り、動かしようのない格差が出来上がる。

エンディングで流れるアメリカンポップス調インターナショナルを聞きながら私も考えた。インターナショナルはどうやったって素晴らしい。冒頭から「起て飢えたる者よ」なんて詞もすごいし、曲もいい。感動するようにできているお手本みたいな歌。正直言うと旗を振って歌うような歌はあまり好きではないのだが、これだけは例外。

インターナショナルはそもそも心の内側から熱い感動を呼び起こさせる曲だが、この歌の周辺でここ一世紀の間に何が起こったか、私たちはその歴史を知っている。たとえばロシア革命が起きて労働者は立ち上がったが、共産主義や社会主義にもファシズムや特権階級は存在し、富は公平に分配されていなかった。ソ連が崩壊してからも新たな戦争が始まったし、資本主義もこのままでは格差社会は是正できないと経済学者は説く。なにせ映画の舞台は資本主義の牙城で自由の国・アメリカだ。ソ連映画ならいざしらず、強烈な皮肉が込められているのは間違いない。もうこれだから、マイケル・ムーア監督からは目が離せない。

『レッズ』〈ウォーレン・ベイティ監督、一九八一年　アメリカ〉

タイトルのレッズとは、赤、アカ、コミュニストのこと。日本では差別用語だが、〝アカ〟が世界共通とは知らなかった。フランス革命で赤旗が採用されたのが語源だという。そんな映画が、資本主義アメリカのシンボル、ハリウッドでこの年のアカデミー賞、最優秀監督賞をゲットするのである。これ以外のハリウッド映画で、インターナショナルが歌われたことがあるのだろうか？　アメリカ映画史のなかで、『レッズ』はどんな意味を持つのだろう。アメリカがベトナム戦争に敗れた前とあとでどんな違いがあったのか。いろんな疑問がわいてくるが、たしかなのは、十年後の一九九一年にソ連が崩壊したことだ。

アメリカ出身のジャーナリストで社会主義者のジョン・リードが、一九一七年のロシア革命真只中のロシアに渡ったのは三十歳のとき。そして書かれたのが名ルポルタージュ『世界を揺るがした十日間』である。そのなかにこう書かれている。

「赤い広場に通じるすべての街路を、数千数万の人々が流れた。どの顔も貧しい人、労働する人の顔だった。軍楽隊がインターナショナルを演奏しながら行進してくると、自然発生的に歌声がわき起こり、それは海面の小波のようにゆっくりと、おごそかに拡がって行った。クレムリンの城壁に巨大な旗が下ろされた。金色や白の大きな文字で『世界社会革命の発端に殉じた人々』とか『世界の労働者の兄弟愛ばんざい』とか書いた赤旗である」

ここが映画でインターナショナルが歌われたシーンの原作。ジャーナリストが書いたというより、明らかに作家の文章だ。そういえばジョン・リードは詩人でもあった。さらに革命家だったかもしれない。彼の書く文章は読者にたちまち興味を抱かせる色彩豊かな叙事詩、と思えなくもない。ウォーレン・ベイティもそこに惹かれて自らの手で映画化を試みたのだろうか。

ロシアのペトログラード（現在のサンクトペテルブルグ）に着いたジョン・リードがボルシェビキの集会で、アメリカ人労働者として壇上に上がり、国際連帯を訴え、演説する。ストを決行し、英仏米の資本家が導く第一次世界大戦を終わらせようというジョンに拍手する労働者。赤旗を掲げて行進し、ビラをまく街頭デモ。路面電車は止まり、人々は熱狂し、歓声を挙げる。トロツキー、レーニンの姿（これまたそっくりさん！）が映し出され、ロシア革命へとつながる。それらの場面で流れるインターナショナルは、オーケストラつきロシア語の大合唱。なかなか感動的である。ソ連での撮影許可が下りなかったが、この場面はパラマウント映画会社のセットで撮られたのではなく、歴史的建造物が似ているフィンランドのヘルシンキでロケがおこなわれたという。ベイティ監督の意気込みが感じられる。

1960年代の歌声喫茶で使われた歌詞集。

正直なところ、私は自分を労働者であると自覚して労働組合に属したことはない。だから、赤旗を掲げたデモ行進のなかで仲間とともにインターナショナルを歌う、といった経験もない。インターナショナルを歌ったことはあるが、初めて歌ったのは二十歳前後の一九六〇年代末、新宿の歌声喫茶だった。このインターナショナルは曲そのものが難しいし、この歌に限ってなぜか満員の客が立ってみんな肩を組んで歌うのが気恥ずかしかった。私よりちょっと年上の世代が多く、歌いながら感情移入してくるのか、感動がこみ上げてくるような人がいたのが奇妙に感じた。だが、不思議と嫌な気はしなかった。その場限りの〝連帯感〟も、ときにはいいものだとも思った。やっぱり若かったのだろう。そのころはもうすでに歌声喫茶は最盛期を過ぎていて、やがてジャズ喫茶やゴーゴー喫茶、ディスコが人気になった。私はジャズ喫茶や名曲喫茶に通うようになり、歌声喫茶はいつの間にか姿を消した。

昭和四十四年（一九六九年）の春から夏にかけて新宿駅西口広場で〝フォークゲリラ〟が出現して話題となり、私は野次馬として何度かその場にいたことがあるが、群衆のなかでインターナショナルが歌われたような記憶がない。当時の全共闘世代、私を含めて団塊世代の若者の間ではベトナム反戦運動が盛り上がっていて、戦後の安保闘争で歌われたようなインターナショナルは古臭く、あまり馴染みがなかったのではないだろうか。中心にギターを持った青年がいて、そのころ流行っていた「勝利を我らに」や「友よ」、「自衛隊に入ろう」など、アメリカや日本のフォークソングがあちこちで渦巻いていたような気がする。だがそれも夏になるまでに機動隊に排除されてしまった。同じ若者の間で、六〇年代から引き続き学生と機動隊・自衛隊とが激しく敵対していた時代だった。

だがそんな私でも、一九八一年の映画『レッズ』のなかで歌われたインターナショナルには、不覚にも胸が熱くなった。皮肉なことにこの映画が資本主義の牙城、アメリカのハリウッド映画で作られ、しかも製作・監督・脚本・主演がプレイボーイで有名な俳優のウォーレン・ベイティだったことも、考えてみればちょっと驚きだった。

『浮雲』〈成瀬巳喜男監督、昭和三十年（一九五五年）、東宝〉

小津安二郎と並ぶ昭和の名監督、成瀬巳喜男の代表作『浮雲』のなかで、インターナショナルが歌われているシーンがあってちょっと不思議に思った。林芙美子の原作を調べてみたら、やはり書かれていなかった。左翼嫌いの林芙美子が労働者のデモを書かないのは当然だろう。インターナショナルを高らかに歌うシーンを挿入するのは、本来ならこの映画のテーマとして適当でない。脚本は水木洋子。明らかに水木が書き加え、成瀬が水木の脚本に従って演出したのではないかと私は思う。水木と成瀬の二人が、インターナショナルを歌いながらデモ行進する群衆のシーンを挿入した理由を考えるのは、とても興味深い。

戦時中、仏印《インドシナ》で恋愛関係になった富岡とゆき子は、終戦後に引き揚げて来た東京で再会し、不倫の関係を再燃させる。時代転換の混乱のなかで二人は生活の再建を模索するがままならず、逢瀬を重ねる。そんな二人が駅前で待ち合わせをするのだが、二人が千駄ヶ谷駅前から代々木公園を歩く映画のシーンで、労働者たちのデモ行進があった。デモ隊が掲げる横断幕の一つをよく見ると、「喰わせろ」と書いている。戦後、多くの労働者は生活難にあえぎ、それを政府に訴える術はデモしかなかった。映画のデモ行進はなかなかの人数なのだが、あの場所で実際におこなわれたものだったのか、それともエキストラを動員した演出だったのか？　待ち合わせの駅は原作では中央線の四谷見附だが、映画では千駄ヶ谷になっている。デモ行進を撮るのなら、四谷よりは代々木公園に近い千駄ヶ谷の方が適していると考えたからなのか。赤旗を掲げ、労働者たちがインターナショナルを歌うデモ行進は、当時の社会を反映しているとと水木が考えたのだろう。そんな人々と自分たちは関係ないとでも言うように背を向けて歩く富岡とゆき子。戦後社会と二人がいかに乖離しているか、デモ隊を入れることによって強調されているのがよくわかる。二人は戦後の今よりも仏印にいた戦争中の方がよかったと嘆き、この後、冗談とも本音ともつかないように「榛名山で心中でもしようか」と言い、気晴らしに伊香保温泉に出かける。

小説『浮雲』は昭和二十四年から二十五年にかけて雑誌に連載されたもので、それまでのGHQによる民主化政策は数年で反共政策へと転換され、時代はいわゆる〝逆コース〟となり、東京では労働者のデモが頻繁に起きている。戦争が終わっても社会は混迷を深め、列車転覆事故など度重なる重大事件で騒然となるが、戦前に『放浪記』でベストセラー作家になり、戦時中も従軍作家で名を馳せ、戦後も数々の連載を抱えて売れっ子作家の道を走る林芙美子は、貧しさを嫌というほど経験していながら、赤旗を振る労働者の声には興味を持たなかったようだ。生活者としてのしたたかさに優れ、心の機微を追究して小説を書く作家としては優れていたが、彼女には得意の虫瞰的な眼以外に、冷静な目で世の中を俯瞰する社会性が欠如していたのではないか。だが監督の成瀬巳喜男は映画製作従事者として組合運動に加担し、昭和二十三年夏には戦車まで出動したという東宝労働争議の渦中にいた。

成瀬は戦前、松竹蒲田に入社して映画監督の道をスタートさせたが不本意な仕事が続き、昭和九年、東宝の前進のPCLへ移籍する。だが戦後、それまでほかの映画会社よりもリベラルな気風だった東宝は労働組合が結成されてストライキが続き、製作機能が麻痺する。昭和二十三年秋に争議は決着するが、成瀬は東宝を追われ、フリーの監督として製作に当たる。そして昭和三十年に東宝に復帰して撮ったのが、生涯の最高傑作といわれるこの『浮雲』だった。

　未来のない愛に漂うような男女を描く小説ではあるが、成瀬が映画人生の岐路に立たされたまさにその時代と重なる。レッドパージの嵐のなかで映画を製作するという労働現場を知っていた成瀬は、五年後の『浮雲』にワンシーンではあるが、そうした時代のうねりを示したかったに違いない。水木洋子もまた、戦前の文化学院時代に左翼劇場の研究生だったことがあり、黒澤明や谷口千吉らかつての映画人に多く見られるように、プロレタリア芸術運動に傾倒していたのである。

　そしてもう一つ、優れた脚本家の水木は、林芙美子の原作にある最後のシーンを描かなかった。おそらく、あえて書かなかったのだろう。小説ではゆき子が死んだすぐあと、富岡は鹿児島で酌婦のいる小料理屋に上がり込み、したたかに酒を飲む。富岡は、いや、なべて男というものは誰であれ不実なものだと林芙美子は書き、水木は林芙美子が書いたその最後の章を切り捨て、ゆき子が死ぬところで映画を終わらせた。水木は同性として最後の章が忍びなかったのか、男は富岡のような男ばかりではないと言いたかったのか……。

　林芙美子が描こうとした敗戦後という時代の空気感・不安感・男に対する女の不信感と、万国の労働者が手を結んで旧弊な資本家と対峙する感動的な革命歌とは本質的に異質である。まして富岡とゆき子という、外地からの引揚者の多くが傷ついた心に沈殿させていたであろう〝浮遊感〟〝漂泊感〟とは、なおさら隔たりがある。未来への希望を抱く労働者たちと、絶望しかない男女。映画『浮雲』のなかで歌われたインターナショナルは主人公たちとは対照的な世界を際立たせる象徴として、とても興味深い。

『にあんちゃん』〈今村昌平監督、昭和三十四年（一九五九年）、日活〉

映画『にあんちゃん』を見たのは、小学校四年のとき。安本末子原作の『にあんちゃん』が昭和三十三年に光文社のカッパブックスで出版されてたちまちベストセラーになり、翌年、日活の今村昌平監督で映画化されたものだ。映画は在日コリアンの少女が主人公で、父親の死後、兄弟四人でけなげに生きていく物語。映画はこの年の芸術祭参加作品で文部省推薦。今村昌平はこの映画を撮りたくて撮ったわけではなく、文部大臣賞を受けるほどの〝健全な〟映画を撮ったことを〝反省〟している、という話を聞いたことがある。いかにも今村昌平らしい。

当時、学校行事として四年生全員で先生に引率され、世界館という近所の映画館へ見に行ったのを覚えている。昭和三十年代前半に小学生だった私は、映画といえば美空ひばりの三人娘や東映時代劇に夢中だったから、この文部省推薦映画は小学生には正直言ってなんとなく退屈だった。両親を亡くした在日韓国人二世の兄弟がこの日本のいたるところに生きていることすら、知らなかった。映画で北林谷榮《たにえ》と小沢昭一が演じた在日韓国人の存在が深く印象付けられたが、それは大人になって見たときのことであり、むろん、映画のなかでインターナショナルが歌われていることを知ったのもあとのことである。思えばあの当時、安本末子という少女が書いた日記に多くの大人たちが感動し、映画が作られたこと自体、今となっては驚くべきことであり、感慨深い思いがする。あの時代の大人たちに今ごろになって敬服するというのは、ちょっと遅すぎるのかもしれないが……。

『にあんちゃん』の舞台は昭和二十八年ごろ、佐賀県の海辺の小さな炭鉱の町で、現在の唐津市にあった大鶴炭鉱である。昭和二十年代末は朝鮮景気が下火になり昭和三十年までは不況のどん底で、国のエネルギー政策が石炭から石油に転換されて日本中の中小鉱山が閉鎖に追い込まれていた。兄弟の一家が生活の支えにしていた大鶴炭鉱も撮影された当時はすでに廃山になっていて、映画のロケは対岸にあった福島鉱業所鯛之鼻炭鉱でおこなわれている。安本末子の日記は鉱夫だった父親が亡くなった昭和二十八年一月から始まる。すでに母親も病死していて、四人の兄弟が取り残された。一家の支えは二十歳になったばかりの長男になったが、長男は臨時雇いの鉱夫で、すぐに首切りの対象になる。そのときのことを小学三年生だった著者はこう書いている。

「八月二十九日
ろうどう組合の前を通ると、赤はたが二本立っていました。首きりはんたいの赤はたです。会社はいま、石炭がうれないからといって、はたらいている人の首を、切ろうとしているのです。じむ所の前に行くと、組合の人が、えんぜつしており、それをおおぜいの人が、立って聞いておられました。（略）
三百七十五名。兄さんが、切られはしないかと、おちおちしていられません」

この箇所が、映画ではインターナショナルが歌われている場面になっている。鉱山はスト決行中で、事務所では団体交渉がおこなわれている。垂水悟郎が演じる組合側の鉱夫は首切り絶対反対と訴え、会社側の工場長・山内明は鉱山が生き残るには従業員三分の二の首切りしかないと言い、激しくやり合っている。そこに、外で従業員とその一家が歌うインターナショナルがかぶさってくる。歌はあまりに激しい団交のやりとりでほとんど聞き取れないほどだが、まるで団交に負けじと歌うインターナショナルは、労働歌とは本来こういうものだったのかと思わせるほど威勢がいい。今村昌平がこの場面でインターナショナルを挿入させたことで、幼い著者の見た光景をより一層鮮明にしている。観客の耳にあのメロディがたしかに聞き取れるのだ。

その後、長兄はリストラされてパチンコ屋で働くことになり、長女は居酒屋に、次男の〝にあんちゃん〟と末っ子の著者は父親の知り合いの家に厄介になる。だがそこも貧しい韓国人一家で、夫婦げんかを見ていたたまれなくなった二人は逃げ出してしまう。彼らのささやかな願いはたった一つ、兄弟四人で一緒に暮らすことなのだ。自分で働いて稼ごうと考えた中学生のにあんちゃんは東京へ出奔するが、頼み込んだ自転車屋の店員に不審に思われて、交番の警察官に佐賀へ送り返される。迎えに来た兄弟たちとともに四人一緒に生きていこうと誓い、映画は終わる。

やがて昭和三十年になると景気は上向き、エネルギーは石炭から石油、そして原子力の時代になる。同年、原子力基本法が国会で成立。世は神武景気となって日本は高度成長の道を突っ走る。あれから半世紀以上が過ぎた。福島原発事故を経験したあとで、この文章を書いているのだが、その原発が再稼働され始めているのだ。国のエネルギー政策に翻弄される人々が今もいる……。

おそらく今、前期高齢者(?)となっているであろう私と同世代の四人の兄弟たちは、いったいどんな思いでいるのだろうか。できることなら、著者の「その後のにあんちゃん」を読んでみたい。

『あいつと私』〈中平康監督、昭和三十六年（一九六一年）、日活〉

原作は石坂洋次郎で石原裕次郎主演の日活青春ものだが、例の日米安保反対デモシーンが出てくるのでちょっと面白い。昭和三十五年六月十五日は、日米安保に反対する群衆が国会議事堂前で機動隊と衝突して東大生の樺《かんば》美智子さんが圧死した日だが、映画ではちょうどこの日、女子大生・芦川いづみの友人・笹森礼子の結婚式。会場は東京会館で、式の最中に外から安保反対のデモ隊の気勢が上がり、あのインターナショナルの歌声が聞こえてくる。インターナショナルが時代の象徴・社会風俗の現象として使われていることに、なんとなく安易だなあとも思ってしまうが、まあ仕方がないだろう。とにかく主人公の石原裕次郎と芦川いづみはデモに行くような学生でないことはたしかだ。

芦川の友人・吉行和子がデモに参加していると知り、心配になった石原と芦川と小沢昭一（！　とても大学生には見えない）は式のあとでデモ隊の渦中へと吉行を探しに行くのだが、小沢がケガをして吉行の下宿に行って手当てをしていると、吉行の友人（しめぎしがこ）が帰って来て、恋人の学生にレイプされたと言って泣く。私は六〇年安保世代ではなくて七〇年全共闘世代に属するのだが、ちょうどウーマンリブ運動が始まったころを知っているので、興味深くもあるが、古い。理想のイデオロギーで結ばれていると思っていても男女の間ではまだまだ女の方が傷つく、といった親心のこもった著者のメッセージなのだろうか。うーん、でもこれまた当時のステレオタイプ的な意見で安易だなあ、とつい思ってしまう。それにしても「（何事にも進んでいるはずの）女学生がデモの帰りに恋人に〝レイプ〟されて泣く」、という設定がどうも陳腐で、ついていけない。

今どきの大学生がどんな話題をどんなふうに話すかほとんど知らないが、映画ではとにかく若者たちがよく喋り、政治論争もする。男女問題ではジェンダー論にもなってちょっと苦笑させられるが、時代の違いが感じられて面白い。それにしても『青い山脈』以降の石坂洋次郎的で戦後のリベラルな空気はよく出ていて、改めて感心した。映画では若者たちよりも、石原裕次郎の母親役の轟夕起子のやり手ウーマンぶりと、対照的な父親役の宮口精二（本当の父親は滝沢修だが）の朴訥ぶりがいい。いくら裕ちゃんがスターでも、演技力でこの三人にはかなわない。裕ちゃんはここでも相変わらずの坊ちゃん役者だが、映画には主役の華やかさと脇役の演技力がいかに必要か、改めて認識させられた。ま、こんな映画も時代の流れなので、あってもいいだろう。ちなみに歌もうまい裕ちゃんだが、この映画でインターナショナルは歌っていない。歌えないのではなく、たぶん曲と裕ちゃんのイメージが合わないのだろう。

『光の雨』〈高橋伴明監督、平成十三年（二〇〇一年）、シー・アイ・エー、エルクインフィニティ、衛星劇場〉

連合赤軍事件を描いた立松和平の小説『光の雨』をもとに、それを劇中劇にした映画。冒頭、若者のナレーションが流れる。

「革命をしたかった。生きるすべての人々が幸せになる世の中を作りたかった」

昭和四十四年（一九六九年）九月四日。火炎瓶を投げ、「反米愛国　安保粉砕」と書かれた赤旗を振りながらインターナショナルを歌う学生たち。こんなシーンから映画は始まるが、時間は即座に三十数年後に移る。小説『光の雨』の映画化が決まり、出演する若い俳優たちが登場する。アイドル女優やお笑い芸人、劇団員などで、彼らは連合赤軍事件など知らない世代だ。そんな彼らが連合赤軍の坂口弘や森恒夫、永田洋子を演じることになる。おそらく革命など考えたこともないだろう。演じる人物をどう表現するかという彼らの葛藤のなかで撮影は進んでいく。

監督を引き受けた樽見（大杉漣）はかつて学生運動に参加したことがあり、なぜか途中で監督を降板し、その後失踪してしまう。映画は阿南（萩原聖人）が引き継いで完成させるが、撮影が終わって俳優たちがようやく解放され、のびのびとして演じた人物や事件について率直な意見を言うシーンがある。犯人たちが何を考え、何のために、こんな事件を引き起こしたのか理解できない……と。とくに森恒夫をモデルにした倉重役の山本太郎（現・参議院議員）がスクリーンから自然体で語りかけ、その問いかけが見ている私の胸に突き刺さるようだった。私も立松和平や高橋監督と同世代の一人だが、一九八〇年から九〇年代にかけて起こったオウム真理教事件にも、根底には同じことが言えるような気がする。なぜ彼らはあんな事件を起こしたのか……、すぐに答えは見つからない。

ラスト、それもエンディングロールが終わってから樽見役の大杉漣がハーモニカを吹き、「ああインターナショナル　我らがもの」とつぶやくように歌うシーンがあるのだが、なんとも寂しすぎるインターナショナルだった。インターナショナルはやっぱり一人で歌うものではないのだ。なぜこんな原作にはないシーンを付け加えたのかわからないが、〝敗北者〟である樽見がひっそりと歌うシーンが加わることで最初と最後のインターナショナルはその意味がまったく違うのだということが胸にせまってくる。その違いを考えることが連合赤軍事件の答えを導き出す……と、この映画は言いたかったのかもしれない。

第三章　昭和の暴風

トムとエンサイ

第一章の最後にも紹介したが、大正十五年（一九二六年）の夏、叢文閣もアルスも辞めて浪人中だった佐々木は信州の角間温泉に行ってのんびり湯につかりながら、生活のためにせっせと翻訳に精を出した。秋になって日本プロレタリア文芸聯盟（プロ聯）の千田是也から「早く下界に降りて来てくれ」という手紙がきた。千田の頼みはこうだ。東京帝大出身のインテリでコミュニストの佐野学が、前年、亡命していたソ連から帰国して『無産者新聞』を創刊し、その一周年記念の催し「無産者の夕」をプロ聯が引き受けた。ついてはそれをトランク劇場が担うことになった、演劇なら佐々木がいないことには始まらないので、早く帰って来てくれというのだ。温泉で一緒にいた『文藝戦線』同人の青野季吉が、それならこれを機にトランク劇場よりももっと本格的な、ブルジョア演劇にも負けないような劇団を作るべきだと提言し、「前衛座」という劇団名まで付けた。佐々木は大いに触発され、それに賛成した。

東京に帰ってみると、昨年十二月に雑誌『文藝戦線』が中心になって創設したプロ聯や『文藝戦線』編集部に、「帝大新人会」のメンバーで作られた「マルクス主義芸術研究会」（マル芸）の連中が大挙して入り込んでいた。林房雄、中野重治、久板栄二郎、佐野碩、鹿地亘、谷一、小川信一、川口浩ら、そして福本和夫がいた。佐々木はここで一気に活力が注ぎ込まれたと書いているが、ここから組織の結成、離反、解散、改編、統合などが繰り返され、どんどんややこしいことになるので注意しておきたい。

佐々木より四歳年上の福本和夫は東京帝大法学部卒業後、外務省から派遣されてヨーロッパへ留学。ドイツでマルクス主義経済を学んで帰国後、大正十五年に日本共産党に入党。帝大新人会メンバーとなってマル芸やプロ聯にも入り込んだ。この福本は佐々木から見れば「どこか稚拙なところがあり、功名心にはやり、おそろしく威勢のいい、派手な、見栄坊な教祖」（『風雪新劇志』）だった。当時の河上肇や山川均の左翼理論を折衷主義、俗物主義と決めつけ、自らの「統合のための分離」を振り回し、議論好きな帝大系左翼インテリ、とくにマル芸の連中はたちまち寝ても覚めても理論闘争にうつつを抜かして〝福本教〟の狂信者となってしまった。しかし佐々木のような『文藝戦線』のメンバーや、とくに種蒔き社以来の古い同人はその福本教にはついていけず、感情的なものも当然あって心底なじめず、むしろ反感を抱いていた。

佐々木はさっそく前衛座構想と並行して、トランク劇場の連中と「無産者の夕」を十月二、三日に芝の協調会館で公演することにした。出し物は久板栄二郎『犠牲者』ほか、長谷川如是閑『馬鹿殿評定』、シンクレア『二階の男』。舞台装置も柳瀬正夢と、新たに村山知義が参加して彼の多彩な才能がここで発揮されることになった。出演者は、千田是也、小野宮吉、佐藤青夜、仲島淇三、久板栄二郎、石原清、花柳はるみ、山岸しづえ、佐々木孝丸ら。この催しは成功し、全体を通して千田是也の活躍が目覚ましかった。また舞台装置担当で柳瀬正夢と初めて参加した村山はプロレタリア演劇の革新性に感激し、それまで見てきた築地小劇場や新劇協会の帝国ホテル演芸場での公演の客層とはまったく違うことに眼を見張った。芸妓や株屋や青白い文士、批評家ではなく、目を輝かせた活力あふれる労働者たち……、こういう観客の前でこそ芝居がやりたい、村山はそう思った。このときのことをこう書いている。

「少し誇大におちいる危険をさけないならば、この一晩が私の一生を決定したといってよろしい。百千の文句も事実の前には無力だったのだ。ひねくれ、歪んだ私は、素直に、事実から学び取ることを始めた。古くさかった知識や観念のごみためだった私の頭を清掃して、真実の知識を第一歩から謙虚に勉強し始めた」（『新劇の四十年』村山知義、「一つの足跡」）

二月に共同印刷の労働争議で組合支援のために発足したトランク劇場をきっかけに、大正十五年の十月、佐々木孝丸、村山知義、千田是也という、のちに小山内薫亡きあとの新劇を担うことになる三人の天才的な演劇人（このときは三人とも二十代の演劇青年）が、プロレタリア演劇への熱い思いを抱え、まるで運命に引き寄せられるようにして出会ったことを記憶しておきたい。

大盛況に終わった「無産者の夕」後の十月下旬、前衛座旗揚げへの創立総会を小石川の佐野邸で開いた。佐野病院長の息子の佐野碩（明治三十八―昭和四十一年）は数年後に佐々木とともにインターナショナルの改訳をする人物だ。帝大新人会でマル芸のメンバー。『無産者新聞』を創刊した佐野学の甥で、母は後藤新平の妹という名家の出身。子供のころに小児麻痺を患って足が不自由だったが、デモでは警官を殴って逃げたという快男児。その佐野邸の豪華な客間がマルクス主義を標榜する若者の集会場になり、プロに負けない本格的な演劇を目指しての稽古場にもなるのである。

前衛座旗揚げ公演は十二月六日から三日間、築地小劇場でおこなわれた。出し物はソ連のルナチャルスキイ作『解放されたドン・キホーテ』。演出は佐野碩。舞台装置は柳瀬正夢と村山知義。衣装デザインは千田是也。団員総出演で役に当たり、小野宮吉のドン・キホーテ、村山知義の反動宰相、佐々木と千田は革命家。このとき、お小姓の役で出演した佐々木の娘・七歳の文枝が初舞台で、女優名を〝踏絵〟とした。妻の幸恵も衣装制作を担当。以来、一家揃って芝居に熱中することになる。階級闘争を描いた演劇だったが、観客は労働者ではなくほとんどプチブルのインテリか大学生だった。公演は割れんばかりの拍手で大成功を収め、そしてこの直後、元号が昭和に変わった。

十二月の旗揚げ公演の成功に気をよくした前衛座は、新しい演劇人を育てる目的で「前衛座演劇研究所」を設けることになった。すると公演を見た若い男女がそれを聞きつけてどっと押し寄せてきた。さて研究所をどこに設けるか探していると、千駄ヶ谷に住む千田是也が近くの豪邸が空き家になっているというので、佐々木と二人で見に行った。元某師団長が住んでいたという広壮な邸宅で、玄関ポーチに丸い円柱がある二階建ての洋館だった。若造の二人ではとても貸してくれそうにない。そこで二人は一計を案じ、佐々木が大学教授、千田が書生になり済まして家主のところに行き、「特別な研究室が必要で大勢が出入りする」とかなんとか言って〝芝居〟をしたら、うまく貸してもらえることになった。大正十五年年末には佐々木は妻子とともにここへ移り住み、そして年が明けた昭和二年一月に開所すると五十人の研究生が入ることになった。ところが順風満帆とはいかず、研究所は演劇とは異なった方向へ向かうのである。

困ったことに、前衛座演劇研究所に入ったばかりの若い研究員たちがすっかり〝福本イズム〟のとりこになって、演劇という芸術的な研究よりも、政治的な理論闘争に傾倒してしまったのだ。

もともとプロ聯にしろマル芸にしろ、トランク劇場や前衛座、雑誌『文藝戦線』など次々とできたグループの寄り合い所帯だった。いずれは整理統合されなければならなかったが、大正十五年暮れの前衛座旗揚げ公演の直後、福本和夫がヒエラルキー的な組織改編に乗り出した。大正十四年に設立された「日本プロレタリア文芸聯盟」（プロ聯）を「日本プロレタリア芸術聯盟」（プロ芸）と改め、その支配下に『文藝戦線』と前衛座、トランク劇場を置く、というのである。『文藝戦線』を苦労して育てて発行してきた佐々木らは、突然入り込んだ福本イズムの〝極左小児病患者〟らにこの雑誌を渡してなるものかと反発した。

佐々木は前衛座を旗揚げした一方で、トランク劇場もそのまま活動を続け、仲間らと公演の実現に奔走していたが、そんなとき急遽、千田是也が五月にドイツへ遊学することが決まった。築地小劇場で「千田是也を送る会」を催すことになり、千田は俳優のみならず、自分の送別会の演出も手がけて多才ぶりを発揮した。

千田がドイツへ行った翌六月、プロ芸が分裂した。

〝福本教〟と〝反福本派〟の対立が爆発したのである。反福本派一同、プロ芸の脱退を決議。するとプロ芸は脱退組を除名すると通告。以後、脱退と除名のいたちごっこが始まった。佐々木ら脱退組は新たに「労農芸術家連盟」（労芸）を結成。佐々木は委員長に就任した。メンバーは小牧近江、金子洋文、青野季吉ら同人をはじめとして、村山知義、葉山嘉樹《よしき》、黒島伝治《でんじ》、赤木健介、林房雄、山田清三郎、藤森成吉、蔵原惟人《これひと》らがいた。

こうしてプロ芸と労芸が対立し、トランク劇場は「プロレタリア劇場」と名を変えてプロ芸の所属、前衛座は数名の脱退者はあったが労芸の所属となり、『文藝戦線』はプロ芸に渡さず労芸の機関誌になったので、プロ芸は新たに『プロレタリア芸術』を機関誌として発行することになった。ここまで十分ややこしく、何が何だかさっぱりわからなくなったので整理すると、「プロ芸」（劇団「プロレタリア劇場」・機関誌『プロレタリア芸術』）対「労芸」（劇団「前衛座」・機関誌『文藝戦線』）という対立構造に分裂したというわけである。こうして対立軸が明確にされたが、佐々木は一抹の寂しさよりも、何かホッとした気持ちになった。

「無学で無理論の私は、大学の秀才たちの『アタマの良さ』をひけらかすような理論闘争にはついてゆけず、一時は口惜しがって、柄にもなく背のびをしたものの、そうした背のびが如何にバカらしいものかということをすぐにさとったし、何よりも、気質的に、感情的に、つまりは人間的に、新幹部派と融合しきれないものがあったのだ」（『風雪新劇志』）

こんなゴタゴタ騒動のあと、佐々木一家は半年で千駄ヶ谷の豪邸から高円寺の借家に引っ越した。自宅を労芸本部と前衛座事務所とし、新たに演劇研究生を募った。このときに研究生となった鶴丸睦彦《むつひこ》は戦後いろんな映画に出演し、私も記憶がある。東映時代劇ではちょっと癖のある老人役がうまかった。

この年の七月、作家の芥川龍之介が自殺した。芥川の死は、大正デモクラシーの終わりと昭和ミリタリズムの始まりを象徴しているようだった。

私の手元に『フランス童話集』という古本がある。とても美しい本で、私の大事なコレクションだ。佐々木孝丸訳、村山知義画、昭和九年十二月に金正堂から出版された。内容・訳文は、昭和二年に尚文社から出版された世界童話大系のラ・フォンテーヌ寓話集、イソップの生涯、ペロー童話集を佐々木が訳したものとまったく同じだが、こちらは村山の表紙、口絵、挿絵が数葉、すべてカラーで添えられている。私はフランス語がまったくわからないので翻訳の良し悪しなどわからないが、ちょっと古めかしさは感じながらも、それがまた情景の深さを醸し出し、読んでいて優雅な気持ちにな

『フランス童話集』佐々木孝丸訳、村山知義・表紙・口絵・挿絵、金正堂、昭和9年12月。

る。そんな佐々木孝丸の訳でフランスの童話を読みながら、それにふさわしい村山知義の、あの独特のシュールでアヴァンギャルトで郷愁を帯びた童画を見る……、こんな贅沢があるだろうか。村山の童画は今見ても本当に素晴らしい。この本は私にとって宝石にも等しい。果たしてこの当時、手を組めばこんな素晴らしい本ができるのだという二人の意志があって出版されたのだろうか。それとも、出版社がプロデュースしたものだろうか。翻訳者としての佐々木の序文のなかに村山の絵のことは触れられていない。この本は佐々木孝丸と村山知義という二人の表現者が、その才能を一つの演劇以外の場で具現化した、稀有な作品である。

佐々木と村山の関係はなかなか興味深い。村山は大正十四年五月の先駆座第三回公演を観に行っている。村山が柳瀬らマヴォの仲間と公演を観たあとに佐々木らの楽屋を訪ね、二人が会ったのはそのときが最初である。やがて二人がともにその才能を発揮したのは大正十五年の前衛座から約十年間である。

村山知義（明治三十四—昭和五十二年）は佐々木より三歳年下。大正十一年、一校時代から反戦的キリスト教に傾倒し、東京帝大哲学科を退学してキリスト教を学ぶためベルリンへ留学。そこでドイツ表現主義芸術に魅せられて、大正十二年帰国。柳瀬正夢らと前衛美術集団マヴォ結成。大正十三年、築地小劇場で『朝から夜中まで』の舞台装置を手掛け、これが演劇の初仕事となる。同年に編集者で童話作家の岡内籌子と結婚。大正十四年九月に河原崎長十郎らと心座を結成して革新的演劇に挑戦。築地小劇場でベートーベンのメヌエットなど三曲をパフォーマンス的なソロダンスで踊る。同年十二月、マヴォの柳瀬正夢らとプロ聯に参加して美術部員になる。福本和夫のいる帝大新人会のマル芸にも参加し、そこでは極秘裏に日本共産党に入党し、山川均を批判して党再建を図っていた福本和夫らの理論派から〝無思想〟と馬鹿にされ、喧嘩を吹っ掛けられた。負けん気の強い村山は、それまでまったく知らなかったマルクスやレーニンの本を片っ端から読み漁り、やがて表現主義、構成主義の芸術から離れていくことになる。大正十五年一月、共同印刷の労働争議が起き、組合幹部の徳永直がプロ聯に支援を求めてきた。佐々木がそれにこたえて急ごしらえのトランク劇場が結成され、ちょうどプロ聯に参加したばかりの村山と柳瀬は神楽坂の街頭で似顔絵を書いて資金集めに協力した。十月、『無産者新聞』主催の「無産者の夕」で舞台装置を担当。十二月、佐々木孝丸らの前衛座第一回公演で舞台美術部員、俳優として参加する。この直後、参加していたプロ聯がプロ芸と名称を変更する。翌昭和二年六月にプロ芸が分裂して佐々木らが労芸を結成すると、村山は福本のいるプロ芸には入らず労芸に参加した。

「私には福本の論文はどうしても心からなじめなかった。（略）げんにわれわれ文芸関係の人たちを、わざわざ『合』と『反』とに分け『正しいもの』と『折衷主義者』とに区別し、昨日まで一しょ《ママ》に仲良くやっていた者を敵にしてしまう。こういう『揚棄』『止揚』の捜査をすることによって、わざわざ陣列を分裂させ、孤立させてしまうやり方は、芸術によってわれわれの影響を拡大していく方向とは全く逆な方向であり、自分だけを正しいものとする小ブルジョア的な観念論に過ぎないと思われた」（『演劇的自叙伝３』）

自伝にこう書いているように、このとき村山は福本イズムには行かず佐々木に共感し、労芸の方に入った。

こうして佐々木に出会ったころから村山はマルクス主義へ急接近している。キリスト教の信仰を捨て、ベルリンで出会った表現・構成派芸術に魅せられて前衛芸術へ、続いて革新的なプロレタリア芸術へと進み、マルクス主義へと変遷していく村山。帰国当時の村山の登場は周囲の者を瞠目させ、光り輝くような寵児だったが、美術家から芸術家へと徐々に変遷していく。そしてついたあだなは、日本のレオナルド・ダ・ビンチ。ここでまた松本克平の著書を引用したい。

「当時トムさんは、日本のレオナルド・ダ・ビンチといわれていた。前衛美術、舞台装置、挿絵、本の装幀から童話、小説、戯曲、シナリオ、翻訳はもちろん、俳優としても舞台に立ち、さらに築地の舞台でソロダンスのリサイタルまで開いた万能の俊才だったからである」(『新劇の山脈』)

村山は絵に〝Ｔｏｍ〟とサインしたことからトムと呼ばれていた。博学の徒・佐々木はエンサイ(エンサイクロペディア)。以後、二人は「トム」「エンサイ」と呼び合い、行動をともにする。このころ、村山が舞台装置と演出、佐々木は俳優。佐々木は演出の村山にこっぴどく油を搾られたと自伝に書いている。警官に踏み込まれて上演中止になったり、主催者に金を持ち逃げされたりして〝ご難〟はあったが、敵対するプロ芸・プロレタリア劇場への対抗意識もあり、彼らは精力的に前衛座公演をこなしていく。こうしてトムとエンサイはときに競争の火花を散らし、ときにはガッチリと協力し合った。昭和九年に演劇への方向性・思想性の違いから大喧嘩して袂《たもと》を別つまで……。

昭和二年の六月は新潟、八月は信州・松本など、そして九月、労農党（大正十五年に結成された労働農民党。左派の合法無産政党。昭和三年に解散）近畿支部連合会の招きで、大阪・朝日会館で前衛座公演がおこなわれることになった。出し物は検閲で上演禁止になったが、『進水式』などに切り替えて一応許可になった。ところが『進水式』が終わって次の上演直前、劇場に警官が踏み込み、芝居は中止にされる。怒った佐々木は引き下がらず警官と口論になり天満署へ拘引され、すったもんだでそのままブタ箱へ。佐々木は興行取締り規則違反ということで二十九日の拘留となった。抵抗をあきらめた佐々木は開き直って、知人に原書、仏和辞典、原稿用紙、万年筆など差し入れを依頼し、留置所のなかで翻訳をすることにした。このところずっと芝居に東奔西走していたが、佐々木の生活費を支えていたのは翻訳であり、期せずしてしばらくゆっくり腰を下ろして翻訳に精を出すことにした。翻訳を完成させて天満署を出たときはもう秋風が吹いていて、東京から妻が迎えに来た。知人の案内で佐々木はこのとき初めて人形劇の文楽を観た。

「私は息の詰まるような思いで、驚異の目を見張った。この時の強烈な感動はいつまでたっても忘れられない」（『風雪新劇志』）

風雪・左翼劇場

東京に帰った佐々木はまた次の前衛座公演で多忙になるが、またもや厄介な問題が起きた。労芸もこの半年にメンバーが増えて、同時に対立の芽が膨らんでいたのだ。労農派の山川均を支持する山川派の執行委員が『文藝戦線』に山川の論文を掲載しようとしたが、これまた共産党の福本イズムを支持する若手執行委員が労芸にもいて、これを拒否したことで対立が噴出した。もはやこれは肝心の論文がどうのではなく、外からの雑音、ああでもないこうでもないという不毛の政治論争が繰り返され、昭和二年（一九二七年）十一月、結成からわずか半年で労芸は分裂する。佐々木は労芸を脱退し、脱退組で新たに「前衛芸術家同盟」（前芸）を結成した。前芸の機関誌『前衛』を創刊。こうなるともうややこしすぎて、団体や個人の名前も覚えられないし、理屈の違いがどこにあって、誰が敵で誰が味方かわからなくなってくる。

私はときどき考えることがある。労働者や大衆の利益・幸福という目的の赴くところは同じだがその手段が異なるとき、独善的で排他的な組織と、寛容で多様性を認めて辛抱強く未来を信じる組織とでは、後者の方が弱いということだ。佐々木孝丸は後者の方に与する人間だった。この当時の雑誌『社会主義』にこう書かれている。

「ある問題について意見の一致した人々があり、それとちがった意見の人々がある、というのは避けられない。だからやがては人々の新たな分離統合が行われるかもしれない」（『共同研究　転向　中巻』）

佐々木一家はこれを機にまたもや高円寺から新宿の上落合に引っ越した。その借家は新たに前芸と前衛座の事務所になる。

労芸対前芸の対立でまたもや面倒なことが起こった。労芸から前衛座は労芸演劇部なのだから労芸のものだと突きつけられたのだ。佐々木は前衛座を労芸に返上し、新たに「前衛劇場」を結成した（ただしその後、労芸による前衛座公演は一度もおこなわれることなく幕を閉じた。ゆえに前衛座の実質的な後身は前衛劇場である）。

翌昭和三年一月、新組織創立準備会がおこなわれた。そこへこの年早々、日本で初めての普通選挙がおこなわれることになり、佐々木はこの当時は労農党に入党していたので、二月、党本部の命令で応援弁士として中国・九州地方へ赴く。佐々木が身を粉にして各地への応援にかけつけて奮闘するも、労農党は惨敗。そして三月、共産党への大検挙がおこなわれた。三・一五事件である。プロ芸の中野重治、鹿地亘らが検挙されたが、前芸は被害がなかった。しかしこのことで共産党の非合法活動が表沙汰になり、関知していなかった佐々木らは衝撃を受ける。合法的芸術活動の団体に非合法の活動家が入り込んでいたのでは、活動そのものが成り立たなくなる。演劇上演許可が取り消されるかもしれないのだ。プロ芸、前芸の合同統一（もともと一つのものが二つに分かれ、それを繰り返してきた）が急務になり、四月から、新団体名「全日本無産者芸術聯盟」（ナップ）が誕生することになった。結局、内部闘争を繰り返した挙句、元のさやに納まったのである。しかしナップの作家たちが共産党との結びつきを秘密裏に強めていく。

ナップの本部は新宿・淀橋浄水場近くの廃屋のような大きな洋館で、例の千駄ヶ谷の豪邸にも劣らない邸宅だった。当時はそんな幽霊屋敷みたいな洋館が東京のあちこちにあって、貧乏なプロレタリア団体でも借りることができたようでなんとも羨ましい。明治の華族や成金がこぞって洋館を建てて以来、戦争や不景気や関東大震災などがあって彼らの浮き沈みとともに、そうした豪華な空き家が増えたのだろう。

合併前のプロ芸の機関誌『プロレタリア芸術』も前芸の『前衛』も廃刊し、新たにナップの機関誌として『戦旗』が発行されることになった。劇団も「プロレタリア劇場」と「前衛劇場」が統合されることになり、新しい劇団名をどうするか悩んでいた。ある晩、佐々木は薄気味悪い本部の演劇稽古場からの帰り道、村山、佐野、林、蔵原らと一緒にその名前をどうするかと話していたとき、蔵原惟人が「左翼劇場」はどうかと提案した。それにはみんな何となくしっくりせず、暫定的にその名称にすることになったが、〝暫定的〟がそのままになり、とうとう左翼劇場のまま七年間、劇団が解散するまでその名前だった。名前と言うものは不思議なもので、ついたらついたで受け入れられるものらしい。前衛座の名付け親が青野季吉で左翼劇場が蔵原惟人、二人とも理論家、評論家だったことは単なる偶然とは思えなかったと佐々木は自伝に書いている。演劇の当事者ではなく距離を置いている者の方が大胆な名前をつけられると言うことだろうか。

昭和三年四月、築地小劇場で左翼劇場（東京左翼劇場とも呼ばれた）の第一回公演。出し物は藤森成吉作『磔茂左衛門《はりつけもざえもん》』。ところがこれが警視庁保安部興行係で検閲主任・寺沢高信の手で上演不能なまでにズタズタにカットされ、公演中止。主役の佐々木は人一倍悔しがったが、気を取り直して『進水式』『やっぱり奴隷だ』『嵐』の三本をやることに。前の二本は村山知義作・演出・装置。『嵐』は佐野碩作・演出。ちなみにこのとき、戦後に脚本家として活躍した水木洋子（代表作に第二章で紹介した映画『浮雲』

などがある）が劇団研究生として左翼劇場に入っている。

このときにいたナップのメンバーで左翼劇場に入ったばかりの原泉子《はらせんこ》（本名・原政野、明治三十八―平成元年）は、私には戦後の芸名の原泉《はらいずみ》（昭和二十五年に改名）で馴染みだ。なんといっても私の子供のころ、彼女は映画『月光仮面』のバテレンお由だった。佐々木はこのとき、月光仮面の敵・赤星博士でどくろ仮面。この映画でかつての同志の二人は共演していたのだ。それも悪役で。後年、最も記憶に残ったのは『名もなく貧しく美しく』（昭和三十六年）で高峰秀子演じる聾唖者の秋子の母親・たまの役だ。名演と言ってもいい。このほか、彼女は戦後、映画やテレビで実に数多くの悪女・善女・怪女の老婆役を見事にこなした。彼女はいわば佐々木孝丸の女優版ということになる。女優の怪優を挙げるならまずなんといっても私はこの原泉である。

左翼劇場パンフレット。昭和4年7月、表紙・村山知義。

原泉子という芸名は花柳はるみが付けた。松江で生まれ育った本名・原政野は十五歳で上京後、画家のモデルなどをしているうちに花柳はるみの舞台を見て感激し、築地小劇場から新劇協会にいた花柳の付き人になった。やがて原政野は原泉子になる。ちょっと不思議な名前だが、良いも悪いも憧れの花柳が名付けた芸名なので、原はそれを素直に受け入れている。昭和三年三月、原泉子はプロ芸が作った「プロレタリア演劇研究所」の研究生になり、それが四月に例の合同で左翼劇場となったわけだ。当時の花柳はるみは女優として絶頂期のころで、彼女の周りにいた大勢の取り巻きの男たちのなかに村山知義がいて、花柳は村山のお気に入り女優として主演することが多かったから、付き人の原泉子もしだいにプロレタリア演劇のなかに溶け込んでいったと思われる。原はこのあと昭和五年に、元プロ芸で三・一五事件（昭和三年）で検挙された作家の中野重治と結婚した。プロレタリア女優と作家の、いわば同志の結婚。原は花柳はるみほど男性遍歴の多い突端的な女性とは逆で、情熱的で一途な女性だったのだろう。

ここでちょっと横道にそれるが、女優の花柳はるみのことも紹介したい。彼女は佐々木より二歳年上で、実に恋多き女性だったようだ。花柳はるみは芸名で、本名は糟谷いし。花柳という名前は、日舞の家元の花柳流とも新派の花柳章太郎とも関係はない。「はるみ」は当時としてはハイカラな名前で、今で言うキラキラネームだったようだ。もともと茨城の大地主の娘で上京して麴町高女に通い、雑誌『少女世界』に投稿するような文学少女だった。女優の松井須磨子にあこがれ、十五歳で島村抱月と松井須磨子の芸術座に入団。松井須磨子が自殺したあと、伊沢蘭奢《らんじゃ》と並んでたちまち人気女優になる。十九歳でツルゲーネフ作『その前夜』で舞台デビュー。秋田雨雀にも才能を認められ、雨雀の日記にもよく登場する。二十三歳のとき、サイレント映画『深山の乙女』『生の輝き』に出演。日本で最初の映画女優となった。最初の夫の倉若梅二郎（島村抱月や秋田雨雀の秘書で俳優、当時は読売新聞社の記者）と結婚して三人の子供をもうけるが、その後倉若を捨てて詩人の中野秀人との恋愛に走り、すぐにその中野とも別れた。このころの雨雀の日記に、花柳はるみと倉若との子供が肋膜で死んだことが書かれている。

彼女が近代的なファニーフェイスで、ハイカラで扇情的な魅力を持つ女優だったことは多くの資料で語られている。松井須磨子のように愛する男を追って自殺なんかしないタイプ。女優時代には数多くの男性を魅了したようだ。遺された写真でもそれは想像に難くない。佐々木が出会ったときは築地小劇場に在籍していたが、ほかの数々の劇団で客演した。佐々木と花柳は秋田雨雀の紹介で中村屋の朗読会土の会以来何度か共演しているが、秋田県の公演でも佐々木は花柳と行動をともにし、支援者から二人だけのお座敷がかかったりして親密になる機会は何度もあった。だが佐々木は妻子あるプロレタリア演劇の指導者を自認する身、そこは「ピューリタンのごとく謹厳」に徹したと自伝に書いている。のちに団員の雑談で男女関係の話になると、花柳から「佐々木さんはお立派よ」と冷やかされた。しかし佐々木は正直にこう書いている。

「実のところ、私自身は決して『お立派』でも『謹厳』だったのでもなく、ただ『臆病』だったにすぎなかったのだけれど……」（『風雪新劇志』）

佐々木は立派だったということは、〝立派でない男〟がいかに多かったか、ということを花柳は暗に言っていることになる。彼女が自動車修理工が着るオーバーオールを着てハンチング帽子をかぶり、ハイヒールで銀座を闊歩すると、必ずうしろから数人の男たちが付いて来たという。彼女を取り巻く男たちといえば先頭はいつも村山知義で、林房雄、畑中蓼坡《りょうは》、帰山教正《かえりやまのりまさ》、田辺茂一、藤森成吉、それに佐々木孝丸も名前が挙がっていた。田辺茂一はのちの新宿・紀伊國屋書店の社長で、紀伊國屋ホールも創設した。若いころはかなり芝居にかぶれていたらしい。花柳はるみとの恋愛関係ものちに述懐している。

村山知義は花柳と深い関係だった。その期間は短かったようだが、村山はどうしても「結婚していながら恋愛以上の関係にあることは不道徳だと思う心があったのだ。それにはキリスト教的道徳の名残があったかもしれない」と、自分の方から花柳とは関係を切ったというふうに自伝に書いているが、真相はわからない。それにしても驚くのはのちに村山が花柳の男性遍歴やヴァンプ的性格を暴露していることである。村山の自伝にこう書かれている。

「故花柳はるみさんとはもっと深いところまで行った。彼女は大胆な演技をする華々しい女優で、築地小劇場で第一の地位を占める女優だったが、私の芝居には、いつもよろこんで協力してくれた。劇場の三科の時も、心座の時もそうだった。私生活の方でも大胆で、ヴァンプ女優の名が高かった。股に腕時計をはめていて、時間を見る時、スカートをまくり上げて、人の目の前に突き出すのだった。彼女は私の前後にいろいろの男性と恋愛していた」

太腿に腕時計をはめていた（もはや腕時計ならぬ太腿時計？）というのもびっくりだが、それを知っている男性がいたというのもすごい。

そんな彼女が昭和四年を最後に突如、引退する。女優として最後の仕事が四月四日、新宿武蔵野館でのアトラクション『メトロポリス』だったという資料がある。映画史に残るＳＦ名画、フリッツ・ラング監督『メトロポリス』の舞台版である。舞台では先に昭和三年十一月に築地小劇場で上演されている。どちらも主役のマリア（とその人造人間・アンドロイド）を誰が演じたかは不明だが、当時の人気女優だった花柳はるみが演じたということは十分考えられる。このあと、引退した彼女は上野広小路や中野でバーを開いた。そして昭和六年、三十五歳で八歳年下の東京帝大生・瀧田英二と恋愛し、結婚した。以後は瀧田の故郷、愛知県常滑に移り住み実家の運送業・織物業を継ぐ。二人の子をもうけ、〝瀧田いし〟は昭和三十七年に六十六歳で死去した。

昭和三年に戻って左翼劇場第一回公演後の五月に三・一五事件が起こる。非合法活動になった共産党員大量検挙である。佐々木は党員ではなかったが、支援活動に駆り出され、弁護士の手配や差し入れなどで多忙だった。そんなとき、大衆食堂にいた佐々木は愛宕署の特高に逮捕、拘留された。翌日、何の理由も示されず二十九日間の拘留となり、留置場が満員なので市谷刑務所へ送られた。その留守中に、一家は上落合の元前芸事務所を兼ねていた広すぎる家からまた引っ越した。同じ上落合だが、今度は村山知義が住んでいる奇怪な三角形の家から近い、こぢんまりとした借家だった。六月の満期出所後、佐々木はこれまでずっと住まいが劇団本部や稽古場だったので、しばらくぶりで一家だけの静かな生活となった。とにかく佐々木の家が劇団などの本部の活動拠点になったことで、佐々木一家は何度も引っ越しを繰り返している。

ここで佐々木一家の引っ越しを振り返ると、そもそも佐々木は大正七年（一九一八年）に雑司ケ谷の秋田雨雀宅の真裏にある借家に住み、大正十年に雑司ケ谷から代々木へ引っ越す。十二年の関東大震災は「駒場農大近くの借家」で遭ったとされている。時期は不明だがそこから高円寺へ引っ越したようだ。大正十五年の暮れに、千田是也が見つけた千駄ヶ谷の豪邸へ高円寺から妻子ともども引っ越した、と自伝に書いている。そしてそこが前衛演劇研究所になった。翌昭和二年六月のプロ芸分裂に伴って千駄ヶ谷から再び高円寺に引っ越し、そこが労芸本部と前衛座事務所になった。同年十一月、労芸分裂に伴い高円寺から上落合へ引っ越し、そこが前衛座の事務所に。翌三年六月（佐々木の留守中）、同じ上落合にあった村山知義の三角形の家の近くに引っ越し、そこで佐々木一家は前衛演劇研究所以来一年半ぶりに自分たちだけの住居を持つことになったわけだ。その後も佐々木一家の引っ越しはまだまだ転々と続く。

昭和三年十二月、「日本プロレタリア演劇同盟」（プロット）が発足した。ナップはそのまま踏襲されることになったが、左翼劇場が新同盟の先頭に立つことになり、佐々木はプロットの委員長、佐野碩が書記長になった。佐々木と佐野のコンビがこれ以後数年続くわけだが、大正十一年に佐々木が訳詞した「インターナショナル」を佐野碩と二人で改訳したのが昭和初期とされているので、それはおそらく二人の仲が良好だった翌昭和四年から五年にかけてのことだと思われる。プロット結成後の昭和三年十二月二十五日に築地小劇場の小山内薫が四十七歳で急死した。

翌昭和四年三月に築地小劇場が分裂した。昨年暮れの小山内薫の急逝によってそれまで内部でくすぶっていたものが一気に表面化したのだ。組織が分裂・結成を繰り返すのはいずこも同じ。世の中がややこしいときはどこでもややこしいことになるものらしい。原因は劇団内で土方与志の排斥運動が起きたことである。経営難、団員間の思想的相違、感情の軋轢などと言われている。四月、土方与志を中心に丸山定夫、薄田研二、山本安英、細川ちか子、高橋豊子らは新たに「新築地劇団」を結成した。残った青山杉作、北村喜八、友田恭助、田村秋子らは「劇団築地小劇場」を作った。マスコミは飛び出した新築地が左派で、残った方が右派と、この分裂劇を興味深く報じた。劇場としての築地小劇場は「新築地劇団」「劇団築地小劇場」「左翼劇場」「メザマシ隊（移動演芸団）」の活動拠点舞台となった。この分裂には直接的ではないにしろ、佐々木孝丸もかかわっていたと言えなくもないのである。実際、当時の築地小劇場団員のなかには佐々木ら左翼劇場に反感を持つ者も多くいた。しかし分裂は時代の流れであり、誰が悪いわけではなかったことは明白だった。明治末に小山内薫が「旧劇をぶっ壊す」として生まれた新劇は、演劇界の異端者として出発した。やがてこの築地小劇場は小ブルジョア劇場としての性格を帯びて頂点に達した。だが世界的なプロレタリア運動によって日本の演劇界も急激な改革の波が押し寄せ、小山内薫と土方与志はその選択を迫られたのだ。

そもそも事の起こりは劇団分裂の二年半前の大正十五年十一月、土方与志が築地小劇場第五十四回公演として、佐々木にマルセル・マルチネ作『夜』（五月に佐々木が『夜』を翻訳出版）の公演を申し込んできたことだ。佐々木は意外だったが、無論その申し出を快諾した。そのときのことを佐々木は、『演劇の実験室』を標榜して出発した築地小劇場も当時の激しい社会思想の流れに押されて、そういう革命劇を上演するところまできていたのだ」（『風雪新劇志』）と書いている。検閲の手でズタズタに削除されたが、佐々木訳・脚本、土方与志演出で『夜』は大反響を呼んだ。その興奮が築地小劇場での前衛座第一回公演『解放されたドン・キホーテ』へと続くのである。やがて前衛座（のちに左翼劇場）に好意的だった青年華族・土方与志は〝赤い伯爵〟と呼ばれるようになる。これ以後、生まれも経歴もまったく異なるが、同じ歳の土方と佐々木は、生涯親交を持った。

この土方与志は師の小山内薫とともに築地小劇場を設立したが、昭和三年末に小山内を失い、昭和七年には私財を投じて劇場を改築し、翌年にプロットの代表として佐野碩とソ連を訪問する。ソ連で小林多喜二の当局による拷問死を報告してそれが日本に伝わり、土方は爵位を剝奪され、そのままソ連に亡命。モスクワからパリへ移住。昭和十六年に逮捕覚悟で帰国し、治安維持法で検挙・実刑に服す。そして昭和二十年三月の空襲で築地小劇場は焼失。土方は昭和三十四年に六十一歳で死去した。

昭和四年三月の築地小劇場分裂のお家騒動に乗じて、プロットの幹部は分裂した両劇団を自分たちの支配下に置こうとして、演劇部の指導的立場の佐々木らを強引に新築地へ乗り込ませることにした。これは説明するに、実にややこしく、〝由々しい〟ことだった。

同年六月、村山知義が大正十二年に起きた中国・京漢鉄道の労働争議をテーマにした戯曲『暴力団記』を書き、それを左翼劇場が築地小劇場で公演した。演出は佐野碩。上演に際して検閲でタイトルを『全線』と改題させられたが、主役の、軍閥に雇われた組合つぶしの暴力団緑党の首領・周平甫を佐々木が演じ、原作・演出ともに好評を博し、この作品で村山は名実ともにプロレタリア演劇作家と評された。

「この『全線』の成功は左翼劇場の地位を確乎たるものとし、他の諸劇団に著しい影響を与え、かくして私の身辺はいよいよ多事となっていくのである」（『風雪新劇志』）

この暴力団長の役は戦後に続く悪役俳優・佐々木孝丸の原点でもあるといっていいだろう。悪役の〝オーラ〟について、佐々木は自伝にこう書いている。

「舞台での私は『善玉』をやることもあったけれど、どっちかといえば『悪玉』に扮する場合が多く、移動小公演などで、憎ていな資本家とか、官憲とか、暴力団とかをやっていて、客から野次り倒されるだけならまだしも、昂奮して舞台へ飛び上がってきた客から、殴られたりしたことも一再にとどまらない。わりの悪い話だが、それほど客を昂奮させたのだから、むしろ役者冥利というべきであろうと、自ら慰めていた次第である」（『風雪新劇志』）

一方、劇団新築地は七月、小林多喜二の『蟹工船』を『北緯五十度以北』と改題して帝国劇場でやることになった。この『蟹工船』はナップの機関誌『戦旗』五月号に発表され注目を浴び、たちまち小林はプロレタリア文学の旗手となったのだ。プロットは組織的指導権を握るチャンスとばかりに、原作者の小林に手紙で新築地の演劇化について問い合わせたところ、脚色・上演の際にはプロット（主団体は左翼劇場）のアドバイスのもとにおこなうということが条件との返事を取り付けた。それにもかかわらず、新築地から左翼劇場に何の連絡もなかった。そこで佐々木、佐野碩、杉本良吉ら四人の幹部は小林の手紙を持って、もうすでに満員の客が入っていた開演寸前の帝劇へ乗り込み、新築地の首脳部に公演中止を迫ったのである。

「この時のやり方は、今から考えると、相手のちょっとした落ち度につけこんで、無理難題を吹っ掛ける歌舞伎芝居の悪役、いわゆる『赤ツラ』の演出とそっくり」（『風雪新劇志』）と書いて、自分たちが如何にプロレタリアートの金看板を背に大きなツラをしていたかを恥じている。

ちょうどその場に、二十歳の沢村貞子（明治四十一―平成八年）がいた。沢村は教師を目指す日本女子大師範家政学部の学生だったが、教師に失望し、山本安英に女優志願の手紙を出して新築地劇団の研究生になったばかりだった。彼女は後年、このときの様子をこう書いている。

「プロット首脳部は、大衆劇団として方向転換しながらも『真のプロレタリア劇団になりきれず、プチブル根性をすてきれない』新築地劇団を、一挙にプロット加入にまでもってゆく機会をねらっていた。そして、新築地の重大な手落ちを絶好の機会にした。上演決定と同時に、原作者にたしかめて付帯条件を知ったプロットは、そのまま初日を待って上演中止を申し入れ、それを足場に、何人かのメンバーを新築地の中へ送り込む作戦を立てた。そして、成功した」（『貝のうた』）

まあたしかに佐々木たちは、沢村たちから見れば、会社から雇われた労務管理屋が組合のなかに入り込み、でかいツラして居座ったようなものだろう。

ところがまたしてもこの「いちゃもん事件」の真相が、どうも微妙に違う角度で浮かび上がる。この事件は沢村が書いているようにその後しばらくプロットが仕組んだ芝居とされた。佐々木もその行き過ぎた行動は認めて反省している。たしかに小林、プロット、新築地の間で複雑なやり取りがあった。だがかいつまんで言えば、その後一部の演劇人の間で、もともと小林が脚色についてはプロットと相談してくれとする手紙などなかったかのようにされた。昭和四十九年に出版された村山知義著『演劇的自叙伝3』によると、昭和四十七年に村山と佐々木が偶然、ある劇場でばったり出会う。村山はちょうど自伝でこの事件のことを書いていたので、佐々木に「あのとき、プロットは小林からの返事を本当に持っていたのか」と聞いた。佐々木はこう答えた。

「むろんだよ。杉本良吉が小樽の小林へ手紙を出した。そしたら脚色、上演のことは承諾したが、脚色についてはプロットとよく話し合ってくれ、と書いてあったんだ。（略）そういう証拠がなけりゃあ相手が問題にするわけはないよ。それがあったから、参ってしまって、しかし、プロット員を誰か新築地に入れるか、入れないか、ということで三十分あまりもめたのさ。そういう小林の手紙がなけりゃ、始めっからお互いに問題にしも、されもしないさ」（『演劇的自叙伝3』）

村山は小林の手紙は見た覚えがあった。やはり新築地はプロットを意図的に無視したのだ。だが当時、村山はこのごたごたには傍観者だった（村山はほとんどゴタゴタには傍観者だった）。村山は新築地のその芝居を見て、高田保、北村小松の脚色があまりにひどく、すぐ『朝日新聞』に「未熟な劇団」と酷評を書いて怒りを爆発させている。『蟹工船』がプロレタリア文学である以上、俳優の演技が小ブルジョア的で「未熟」なら期待が失望になる。こうなるとプロットの心配は的中していて、あながち沢村が書くような〝落ち度につけ込む無理強いの陰謀〟ではなかったのかもしれない。

昭和五年二月、左翼劇場は徳永直の小説『太陽のない街』を築地小劇場で公演した。これは前年にナップの機関誌『戦旗』に連載されたもので、大正十五年に徳永自身が経験した共同印刷労働争議を題材にしている。労働者出身のプロレタリア作家・徳永の代表作となった。演出は村山知義。左翼劇場総出演、それに新築地劇団から幹部女優の山本安英、細川ちか子、高橋豊子、山川好子、若手の沢村貞子らが出演した。この公演で、前年に左翼劇場に入った小沢栄太郎（当時の芸名は小沢栄）がデビューした。佐々木や村山が目をつけていた期待の新人で、彼はやがて期待どおりの名優になる。『太陽のない街』はプロレタリア演劇始まって以来の大成功となり、のちのちまで彼らの語り草になった。連日、場内に入りきれない客が何百人もいたほどだったという。佐々木の師匠・秋田雨雀は三日通っても入れず、原作者の徳永直も自分は原作者だと言っても整理を担当していた劇団員は入れてくれなかったと、のちに徳永は述べている。実際の出来事が演劇で上演されるということが、如何にセンセーショナルだったかがわかる。この時代、劇場が一つのメディアでもあったわけだ。

現場にいた沢村貞子はより現実味を帯びてこう書いている。

「私たちは、毎日ワクワクする思いで舞台に上がった。今までは『プロレタリア演劇』と銘を打ちながら、客層はまだまだ学生そのほかのインテリが多かったが、この時は労働者階級が圧倒的にふえた。『やっと、ほんものの労働者階級と結びつくことができたのね。』幕のそでから客席をのぞいては、私たち若い仲間は、手を握りあってよろこびあった。しかし、この公演の成功は、取り締り官憲の神経を異常に刺激したらしく、楽屋には朝から晩まで、特高が入りびたりになった。公演ちゅう、舞台と観客を監視する警官の数も日増しに増えた」（『貝のうた』）

一生懸命働く、貧しい人たちに幸福を！　と願い、このことばのために一生を捧げる決心をしたという沢村の、その低い目線が物事をより鮮明に映し出している。そして彼女の不安は様々な形で的中する。沢村貞子の書いた『貝のうた』が胸を打つのは、弱いもの貧しいものへの優しさや何気ない日常の暮らしをいとおしむ情があり、思うところをまっすぐに貫き通す若い女性の一途さや、それが脆く崩れる人間の切なさを描いているところだ。「アカの女優」になった彼女は組織のために特高の拷問にも屈せず沈黙を守ったが、共産党員の夫は特高に屈して彼女を売った。「自分の体からすべての力が抜けてしまった」彼女は裁判を受け、こう言った。

「何もかも、私の意思でしたことです。子どもじゃないのですから。ただもう二度と、この運動をする気はなくなりました。私にはできません。向かないのです……」（『貝のうた』）

裁判長は苦笑し、私は敗北した。……と沢村は書いた。二十五歳の彼女の敗北は、その後の人生を組織や他人のものではなく、自分のものにした瞬間でもあった。

このころから佐々木は俳優のほかに翻訳、脚本、小説の執筆に果敢に挑戦し、多忙な日々になる。若さも情熱も野心も十分に持ち合わせていたし、左翼劇場や機関誌に発表する以外に、『朝日新聞』に小説『染色体』が連載されることになったのもこの時期である。その原稿料は佐々木が生まれて初めて手にする多額なものだった。ちょうど円本（一冊一円の本）ブームに乗って翻訳や小説が出版されて、その印税も佐々木の懐に入るようになった。自伝には正直に、

「そうなると、凡下の下たる私は、図にのって、毎晩のようにカフェやバーを飲んで歩き、糟糠の妻を泣かせるハメに立ち到った」

と書いている。バーの雇われマダムのMが、かつて佐々木が松本に公演へ行ったときに何くれとなく面

倒を見てくれた女性だったことで、彼女と偶然再会して〝妻を泣かせる〟ほど、すっかり意気投合したわけである。これは三年前の前衛劇場の松本公演のときのことで、客は入ったが主催者が切符の売上金を持って逃げたので佐々木や村山たちが東京から金が届くまで旅館に籠っていた〝ご難〟のこと。そのとき、その女性に〝面倒〟を見てもらったのだろう。「金が入って女ができる」、こうなると、プロレタリア芸術を標榜する団体の幹部たるもの、「ふしだらきわまりない」「堕落している」と批判されても仕方がないだろう。そしてこの三十二歳の若き〝ダラ幹〟(堕落した幹部)は組織や仲間から吊るし上げられ、ナップ中央協議員、プロット中央委員長を罷免、平団員に降格させられたのである。

昭和四年十月のニューヨーク株価暴落を機に世界恐慌で不況の嵐が吹き荒れ、日本も昭和恐慌で失業者が巷にあふれていた。

大興行会社の松竹は歌舞伎役者の給料を減額すると通達し、これに反発した歌舞伎役者はこぞって反対運動に乗り出したのである。彼らは「優士会」を結成し、会長は市川猿之助、四代目河原崎長十郎、三代目中村翫右衛門《かんえもん》ら名代役者がいた。これは前代未聞のことで松竹は動揺する。この運動は、プロットが陰から糸を引いていた。

昭和六年一月、優士会は松竹を脱退して「春秋座」を結成した。旗揚げ公演の出し物はソ連映画『アジアの嵐』の脚色で、演出は土方与志と佐々木(香川晋名義)。ところが松竹からの圧力、右翼団体などの妨害、資金難などでさんざんな公演となった。やがて猿之助らが松竹へ戻り、残った河原崎長十郎と中村翫右衛門は「前進座」を結成した。

この年の六月、左翼劇場は新築地劇団とともに大一座を組んで、徳永直の『太陽のない街』を携えて九州へ巡業に出かけた。最初の熊本では当局の検閲で認められず上演禁止になり、博多が振り出しになった。六月十二日に催された博多大劇場での公演は無事に済み、次の公演地・若松で事件が起きた。公演の主催者は若松沖仲士労働組合。その組合のリーダーが玉井勝則、すなわち若き日の作家・火野葦平《ひのあしへい》だった。佐々木はそのとき初めて火野に会う。〝事件〟というのは、若松警察が公演を許可しないと言い出したことである。福岡県警が脚本検閲で許可して博多公演ができたのに、同じ県下の若松警察署が許可しないというのは筋が通らないのだが、ここ若松には警察よりも強力な〝警察〟があった。北九州の侠客で実業家・代議士でもあった吉田磯吉が「俺の膝元でアカの芝居など許さん」と言うのだ。実は火野葦平の父・玉井金五郎率いる玉井組と吉田組は反目し合っていて、自分を無視して玉井組の息子が興行元の芝居など許せなかった。主催者の組合は警察に抗議したが、板挟みになった警察署長は吉田組一家に相談を持ちかける。吉田組はなんとかして公演中止に追い込むための〝殴り込み〟のきっかけを探し、それが見つかった。芝居のビラに筋書きがあり、『太陽のない街』に登場する吉田という名前の人物がいて、その吉田が労働争議団からこっぴどくやっつけられることが書いてあった。名前はまったく偶然なのだが、「わしらの大親分をコケにしとる。かんべんでけん」というわけだ。彼らの殴り込みの情報を察知した劇団員は美容院の二階に待機していたが、ドタドタと音を立てて数人のやくざが上がり込んだかと思うと、そこらじゅうのものを投げつけて大声で暴れた。といっても誰もケガはしなかった。そこへ数人の巡査が駆け込んで制止したが、佐々木たちが見ていると巡査は真剣に静止しているとは思えなかった。するとまた階段の上り口に一人の男が現れて、「やめんか！」とドスの利いた声で一喝した。その途端やくざたちはシュンとなり、その男はやくざたちを叱ったあと、佐々木たちを一瞥して無言でゆっくりと階段を降りていった。このとき佐々木は、自分がそれまで暴力団に対して観念的な演技をしていたことに気づき、そうした紋切り型ではない〝あるもの〟を会得した、と自伝に書いている。あとでその男が吉田一家の四天王といわれた友田喜造だったことがわかった。

まるでやくざ映画のワンシーンだ。まずやくざが殴り込んでくる、かれらがテキトーに暴れる、そこへ巡査が止めに入る、やくざはまだ暴れる、そこへ親分が現れて一喝すると、騒ぎは収まる……、というあまりの段取りのよさに、あとでそれが警察とヤクザの仕組んだ芝居だったことがわかった。そんな騒ぎで公演はできなかったが、劇団員は沖仲仕組合の温かい接待を受けて次の公演（八幡、小倉は公演できたが、門司はできなかった）へと旅立った。そのときの火野葦平が数年後に『糞尿譚』を書き、芥川賞を受賞して作家となったことに、佐々木は特別な出会いを感じた。

ちなみに火野葦平はこのときのいざこざを戦後、両親を主人公にした小説『花と竜』のなかで描いている。そしてそれが昭和二十九年に東映で映画化され、玉井金五郎は藤田進、妻のマンは山根寿子、吉田磯吉を滝沢修、そして皮肉にも自分たちを脅し、そしてまたやくざ演技に気づきを与えた友田喜造を佐々木が演じた。私はこの映画をなんとしても見たくて探したが、残念ながら映像化発売されておらず、見ることができなかった。昭和三十七年に日活で映画化され、玉井金五郎を石原裕次郎、マンを浅丘ルリ子、吉田磯吉を芦田伸介、友田喜造を垂水悟郎が演じたが、これよりは昭和四十年に東映で製作された、玉井金五郎を中村錦之介、マンを佐久間良子、吉田磯吉を月形龍之介、友田喜造を佐藤慶が演じたものがよかった。

佐々木は九州公演から帰ってすぐにまた、今度は関西方面へ講演にやらされた。反宗教闘争同盟という組合からナップへの依頼で、佐々木はナップからの命令で、気が進まないが行くしかなかった。京都を終えて翌日の大阪天王寺公会堂で、佐々木を含め弁士がみな警察へ拘束されてしまった。どういうわけかナップの仲間は誰も来ず、佐々木は一晩留置場へ放り込まれた。佐々木が共産党の一員として地下組織から資金援助の使命を帯びているのではないかと勘繰られたのだが、しばらくして釈放された。佐々木はこのとき、ナップという組織の冷たさを知った。

それにしてもわからないのは、共産党への資金援助の流れである。結成時にはナップやプロットのなかに共産党員はいなかったが、党が一斉に検挙されて党員たちが地下に潜ると、党再建の触手が伸びて何者かが資金援助の活動を始めたようだった。しかし演劇部の中心的立場だが組織の一兵卒の佐々木にその詳細が知らされることはなかった。日々務める劇団の合法的活動（スレスレだが）で得た金から、献金という流れが存在していた。それだけならまだいい。そういう地下組織から途方もない無理難題が言い渡されるようになったのだ。日増しに特高警察からの圧力が厳しくなっている機関誌や劇団などの合法演劇団体に対し、〝「資本家・地主の天皇制打倒！」をスローガンに掲げよ！〟というのである。もはや、そんなことを口にしただけで数年は牢獄に入らなければならない時代だった。

金の流れと組織のありようが少しはうかがえる本がある。宅昌一という人が書いた『回想のプロレタリア演劇』である。

佐々木より四歳年下の宅は日大夜学部の美学科に通う演劇青年だった。同人雑誌『トロイカ』を発行し、早稲田の学生たちと「仮面座」という素人劇団も作った。大正十五年十月の「無産者の夕」と十二月の前衛座旗揚げ公演を築地小劇場で観てプロレタリア演劇に感銘を受けた。原泉子や沢村貞子、それ以外にも戦後に名優となった演劇人が口を揃えて言うことだが、昭和初期に登場した左翼演劇、プロレタリア演劇が、当時如何に衝撃的だったかは、それまでの歌舞伎は無論、新派や芸術座や築地小劇場にも見られなかった革新的な舞台だったこと、観客と一体になった劇場のエネルギー、興奮、大衆的な連帯感などがたちまち観客を魅了したことに現されている。そこに多くの若者、芸術家の卵、労働者が惹きつけられた。そんな九十年前のプロレタリア演劇を見たことがない者にとっても、古今東西の芝居や演劇が、その時代背景と密接に結びついていることを想像することはできる。

宅はどうしても前衛座に入ろうと思い、自分たちの仮面座に好意的だった秋田雨雀を訪ねて佐々木への紹介状を頼んだ。佐々木の師が秋田であることを知っていたからだ。秋田は宅の目的が自分ではなく佐々木にあることを知りながら紹介状を書いてくれた。宅は早速、秋田の紹介状を持って千駄ヶ谷の例の豪邸・前衛座演劇研究所へ行き、佐々木、千田是也、佐野碩の面接を受け、晴れて前衛座の座員になった（ただし同人にはしてもらえなかった）。

そしてすぐに昭和二年六月のプロ芸の分裂になる。プロ芸は共産党の息のかかったプロ芸と、プロ芸を脱退した佐々木ら反福本派が作った労芸に分裂。宅はプロ芸の指導部が演劇よりも政治的な組織だということを察知して敬遠するが、上層部の谷一や佐野碩らから強制的にプロ芸活動員の加盟申込書に署名させられる。宅はプロ芸本部と労芸の主団体・前衛座の間を一日に何度も往復し、いわば対立する組織の間のパシリにされる。そして宅は分裂前のプロ聯の演劇部長だった佐々木の後釜にされ、自らの意に反して最も慕っていた佐々木先生に背を向けたのである。彼は佐々木から無言で見放された。やがて宅はプロ芸の財政部長になる。宅の仕事は、わかりやすく言えば二重帳簿を作り、党に献金する役目である。組織のなかに監視と誘導役の共産党員がいて上層部に報告。宅はそれに従うだけだ。

翌三年、あこがれの佐々木属する前芸（労芸後の団体）とプロ芸が合同しナップとなり、ナップを内包する大組織プロットも発足した。昭和六年、宅の〝上司〟の佐野碩が共産党への資金援助の嫌疑で逮捕された。佐野はすぐに転向して保釈され、翌年、横浜港からアメリカ経由でヨーロッパに旅立った。見送った宅は、すでに日本に嫌気がさしていた佐野が日本にはもう二度と帰らないことを察した。佐野碩は逃亡し、賢明な千田是也は肝心なときにドイツにいて、ドイツ共産党に入党して日本の分裂騒ぎの情報を知りながら、スパイにもならず、されもせず、帰国してうまく立ち回った。

宅は劇団員の血のにじむような活動を傍で見て知っていたから、共産党への非合法な多額の献金を快しとせず、様々な場でそれを訴えた。だが結局、共産党に入党した村山知義の下で党資金局のメンバーにされた。党とプロットとの連絡役のほか、プロットに所属している左翼劇場と新築地劇団の財政責任者になり、彼自身の家庭の経済的な事情もあってますます仕事が複雑になる。地方公演でもしっかり金の入ったカバンを抱え、余分な支出が増えないことを願った。佐々木が左翼劇場の公演で信州松本へ行ったときに興行師に騙されて金を持ち逃げされた際、東京から佐々木らに旅費を届けに行ったのもこの宅だ。村山知義や杉本良吉は夜になると飲み歩き、加えてタクシー代などその支払い役は宅が担い、しかし宅の苦言は聞き入れられなかった。二人はいつも調子のいい快男子ぶりを発揮し、たとえば杉本が博多で女優たちとボートに乗って遊んでいたとき船を傷つけ、その弁償代を支払うなど浪費に悩まされたこともあった。杉本良吉（本名・吉田好正）は早稲田を中退して昭和二年に前衛座に入り、左翼劇場の演出を担当する。のちに杉本は昭和十三年、女優の岡田嘉子と樺太からソ連へ越境し、スパイ容疑をかけられて銃殺された。それが明らかになったのは戦後のことである。

そもそも宅は、党の上層部にいて指令をしている人物が誰なのかまったく知らなかった。昭和七年一月、宅は突然、共産党中央委員長の風間丈吉からブルジョア機構の秘密派遣員として満洲へ行けと命じられる。党の経歴から抹消され、むろん演劇とは無関係な人間になるのだ。やがて宅は命じられるまま渡満して大連や奉天で党のフラクション活動をするが、そこで回想録は終わっている。

地下に潜入していた共産党員が昭和四年、五年、七年、十五年と次々に一斉検挙されるが、その後の裁判で、内部に特高と通じたスパイがいることがわかったのは戦後のことである。宅は本のあとがきでそのMと呼ばれたスパイの正体を明かしている。村松昇こと飯塚盈延《みつのぶ》という人物である。宅と同年の飯塚は労働者出身で労働運動活動家として日本共産党に入党。ソ連へ留学中に共産党に失望し、帰国後に逮捕され、獄中で転向する。そこで特高のスパイとなってまた共産党に戻り、プロットに潜り込んでスパイ活動をした。要するに、共産党の活動は特高に筒抜けだったというわけだ。あとがきによると宅は満洲へ行って一年も経たないうちに警視庁派遣の特高に取り調べられ要視察人とされ、演劇関係者に近づくことを禁じられて満洲を引き揚げた。ちなみに風間丈吉は飯塚が特高のスパイと知らず親交を持ち、昭和七年十月、飯塚に裏切られて熱海での共産党一斉検挙のときに逮捕されている。風間は獄中で転向して党を離脱。戦後は反共運動に没頭する。

宅昌一は志を持ってプロレタリア演劇の道を目指し、佐々木孝丸を師として演劇活動に打ち込みたかったが、意志が弱かったのか、状況に流されたのか、結局そうはならなかった。そのことを悔やみ、自分の目で見た約六年間の日々の記録を綴った懺悔録としてこの回想録を書いた。実名で、誰かを誹謗中傷するでもなく、英雄視するでもない、感情的でもなく淡々と、知り得たこと、遭遇したことを書いた。彼の本はそういう意味で貴重な記録である。あとがきにこうある。

「芸術活動に決して政治が優先してはならないことをつくづく体験したいまの私は、そのことで愧じ（注・恥じ）ているのである」

戦後、宅は村山知義の新協劇団に参加した。演劇人として人生の再出発を望んだのだろう。

味方に対する猜疑心のみならず、多大な金銭的・肉体的・精神的犠牲を強いたこのころの共産党は、いくら階級闘争のためとはいえ中央集権的ファシズムであることに変わりはなかった。

昭和八年二月、作家の小林多喜二が築地警察署で特高の拷問を受け、死亡した。「取り調べの最中に苦悶したので築地病院へ搬送したが、心臓まひで死去した」と警察は発表。それが『朝日新聞』二月二十一日の夕刊に載った。ちょうどそのとき築地小劇場にいた佐々木は築地署へ駆け込んだ。小林の母や原泉子、大宅壮一、江口渙らがいち早く駆けつけ、遺体が車で小林家へ運ばれた。その夜、作家同盟やプロットの仲間など三十人が小林家に集まり、屍体の痛ましい拷問の傷跡を見て悲憤慷慨した。千田是也が小林のデスマスクを制作し、画家の岡本唐貴《とうき》がそのデッサンを描いた。翌日、佐々木が小林の遺体解剖を帝大、慶大、慈恵医大などに依頼したが、どこも引き受けるなという当局の手が回っていた。二十三日、小林家に集まった大勢の弔問客は警視庁の特高に追い返され、親類縁者以外には佐々木と江口渙だけが「死体の後始末」ということで葬儀に参列することを警察から許された。二人が危険人物ではないとされ、甘く見られたからと佐々木は自伝に書いている。

この年、日本は国際連盟を脱退し、京大・滝川事件（京都帝国大学法学部教授・滝川幸辰の講演に端を発し、右翼や国会議員らが京大の〝赤化教授〟の追放を主張した思想弾圧事件）が起きた。昭和恐慌、満洲事変、満洲建国を経てこの昭和八年という年は、日本を戦争へと導く決定的な年となった。社会主義思想のみならず、自由主義的な思想の芽までを根こそぎ刈り取った。当局は演劇運動の国際的連帯を禁止し、労働運動との連帯も禁止する。このときの新劇界には、中央劇場（旧・左翼劇場）のほか、新築地、築地座（旧劇団築地小劇場、のちの文学座）などがあったが、いずれも弱体化していた。

昭和九年七月、ついにプロットが解散。いわば共産党が壊滅状態になったことを示し、党から完全に切り離されてそれぞれの劇団だけが存在することになる。そんな折、村山知義の「新劇大同団結論」が提起され、新劇界は村山の新協劇団、新築地劇団、文学座の三団体に整理されることになった。新協劇団は左寄り。新築地は真ん中？　文学座は右寄り。脈絡として旧・左翼劇場の中央劇場は当然ながら新協劇団に属することになるのだが、佐々木は村山の主宰する新協劇団には行かず、大同団結に不参加を表明した新築地劇団に入った。この論議のとき、佐々木は村山のマルクス主義に対する論理の稚拙さについていけないところがあった。佐々木にとって村山が提唱する大同団結は自分の主宰する新協劇団を作ることとしか思えず、結果的には新劇界に感情的な分裂と排除しかもたらさなかった。村山は当局の弾圧に対抗すべくイデオロギー的論理と演劇の実践には自分の元へ結集するしかないと主張するが、佐々木をはじめ一部の者にとってあまりに村山は政治的で「子供じみていた」。新築地文芸部はみんな「おとな」だったので、佐々木には居心地がよかった。そして新築地の正劇団員であることも辞め、文芸顧問という閑職に身を置いた。やがてしだいにマルクス主義から逃避行していく。佐々木は自問していた。演劇はいったい誰のためにあるのか、と。

千田是也はこの当時のことをのちにこう述懐している。

「ただ感じとしては、新協劇団より新築地の方が田舎っぺのようで、新協は見識が高いんですよ。そういう意味で新築地は大衆的なんですよ。ところが新協ってのはね、村山知義が神童として育ち、神の御腹としてお母さんが大事に大事に育ててきた秀才でしょう。その気がやっぱり久保君（注・久保栄。村山のライバルと言われた新協の劇作家）にもあるでしょう。だから何となく角張っているんですよ。でも後で勉強して書いたものの方がいいんですよ。新築地なんか何も書く奴がいないんだなあ。それはね、文士はいましたよ。佐々木孝丸とか、和田勝一とかね。それなりにちゃんと了見は持っているんだけれども、そんなに角張ったことを書かない。この人達は大衆的な人ですよ。そこの違いがちょっとありますね。今思い出しますと、私もまあ、あんまり角張るのは嫌いな方だから、昔から、こっちの方が住みいいやと思って、新築地の方へ行っちゃったんですけどね」(『劇白　千田是也』藤田富士男監修)

この証言は面白い。さすが千田是也、昔からよく人を見抜いていた。村山は秀才だが角張っていて人に嫌われ、自分は大人だから角張るのは嫌いで新築地へ行った、と言うのだ。そしてそこで「田舎っぺで大衆的」な新築地に千田式の大ナタをふるう。

昭和九年に新築地劇団に入った千田是也が、ドイツで学んだ俳優理論で演技強化システムを作り、劇団の組織改革に乗り出した。新築地は劇団付属研究所を設けて研究生を養成することになり、研究生のなかに、のちに佐々木の娘婿になる千秋実や、多々良純、殿山泰司がいた。

昭和十三年五月、若い劇団員が俳優の職業化を強化する千田システムに反旗を翻して新築地を退団し、「五月座」を結成した。脱退組のなかに千秋実と娘の踏絵がいた。彼らの言い分はこうだ。たとえば、踏絵がチェーホフの『桜の園』のアーニャ役を得て張り切ってやったが、観に来てくれた友人が「悲しいことに内容が何もわからなかった」という手紙をよこした。踏絵自身、芝居をやっていてこの芝居はいったいなんなのだろう、と思うことがよくあった。多くの若い劇団員にとっても同じだった。彼らは幹部に訴えたが聞き入れられなかった。そして新築地始まって以来の整理、いわば首切りで劇団には千田に反対するものがいなくなり〝千田独裁体制〟ができあがった。

「研究生は整理の対象外でカヤの外だったが、千秋たちは真剣に劇団の動向を見ていた。千田好みが巾をきかせ、とても庶民的とはいかない。せっかく『土』や『綴方教室』などをやって今までの新劇ファン以外のお客も大勢集めたのに、今後はまた新劇新劇したものが主流になっていくだろう」（千秋実　佐々木踏絵著『わが青春の薔薇座』）

いつの時代でもあることだが、新しい世代の叛逆がここでも起きていたのだ。千田が新劇の片方をけん引して行こうとしているが、千田ではプロレタリア演劇は潰れる。今こそ大衆が求める演劇をやるべきだが、労働運動も国際的連携も阻まれ、マルクスもチェーホフもゴーリキーもわからない今の日本の大衆が観るべき演劇とは何か……。こうして佐々木もまた、閉塞的な軍国主義時代のなかでもがいていた。

私は佐々木と村山知義の関係に注目していたが、もう一人カギとなる重要な人物、それは千田是也だったと気がついた。佐々木孝丸と村山知義と千田是也、この三人が、結果がどうであれ、小山内薫らが興した新劇運動をどう継承しようとしたのかを考えてみたい。

村山も千田も一九二〇年代のドイツで前衛芸術や近代演劇を学んできて、土方与志を師と仰いで出発したのも同じだ。村山などは一面識もない土方与志に「私はドイツで一年間絵を学び、模型舞台を作ったこともあります。舞台装置にかけては絶対の自信があります。熱心さも誰にも劣りません」と手紙を書いて自分を売り込んだりした。いずれにせよ、この似て非なる二人の関係は微妙で、互いに強く意識していたことは間違いない。ともに築地小劇場から出発したが、とうとう二人の行動は一つに交わることなく終わってしまったように見える。村山と千田の関係が本当はどうだったのか不明なのだが、謎を解くヒントはまず、千田が六歳年上の佐々木孝丸のことをどう思っていたのか、だ。千田は大正十三年、土方与志を師と仰ぎ、小山内薫と土方与志が創設した築地小劇場の第一期研究生になり、舞台を踏んだ。大正十五年に小石川の共同印刷労働争議に佐々木らのトランク劇場が出動したことに衝撃を受け、佐々木孝丸を知る。築地小劇場にはない前衛的なエネルギーを感じたのだ。そのころ佐々木が客演した畑中蓼坡の主宰する新劇協会の舞台『隣家の夫婦』を観て、さらに感動する。

「さて、つきあってみると佐々木孝丸は、生活や運動の苦労をしているだけではなく、教養の点でも築地の役者とはくらべものにならず、文学や社会主義のこともよく知っていて、そういうものが『隣家の夫婦』の舞台からもにじみ出て、私を圧倒したのにちがいないと、以後私はかれに一目置くことになった」（千田是也著『もう一つの新劇史——千田是也自伝』）

千田は村山よりも大人だった。佐々木を知った千田はこのあとすぐ前衛座で行動をともにし、そこに村山知義もいた。昭和二年、千田はドイツへ留学。四年後に帰国して、昭和九年には佐々木のいる新築地劇団に参加してリーダー的存在となる。そこで千田は俳優のプロ意識を高めるために演技指導に乗り出す。たとえば当時の新築地のスター、山本安英の演技が千田は好きではなかった。湿っぽい芝居が嫌いだったこともあるが、千田はよりリアリティのある、洗練された演技を俳優に求めた。できない者は去れという、千田による一種の俳優選別である。実は新築地の台所事情がひっ迫しているという経済的事情もあったのだが、劇団のお家騒動にもなって新聞が書きたてた。昭和十三年、千田に反発する若手団員らに共感した佐々木は、ここで千田と決別する。佐々木にとって千田と村山に共通するある種の特権意識が気に食わなかった。大衆から離れていく演劇理論に未来はないと佐々木は思い、一方、〝大衆的なバタ臭い〟芝居ではなく、より高度な、より前衛的な演劇を目指す千田と村山。ところがこの二人の方法論は、いわば右と左に大きく分かれていくことになる。千田は政治から離れてヨーロッパ演劇に学ぶ俳優の職業化と劇団の合理化、村山は政治理論重視へと……。そしてとうとう、戦争という暴力が新劇界に襲いかかる。

ここで佐々木、村山、千田の三人が離れていった経緯を整理したい。彼らの最初の分岐点は、昭和九年七月のプロット解散後に村山の「新劇大同団結論」が提唱され、新劇界が新協劇団、（第二次）新築地劇団、文学座に分かれたときだ。そのとき佐々木は村山と〝大喧嘩〟をして村山が設立する新協劇団には行かず、新築地に入った（注・一一七ページ参照）。千田は村山の演劇論を政治的、アジ・プロ的と捉えていたので、千田も新築地へ入った。佐々木と村山の喧嘩の原因は、五月に左翼劇場が中央劇場と改めた第一回公演『斬られの仙太』（三好十郎作）を佐々木が演出したことにある。『斬られの仙太』は貧農の若者の一揆を描いたもので、主役の仙太を滝沢修、そのほか松本克平、宇野重吉、東野英治郎（当時は本庄克二）、永田靖らが出演し、大いに好評を博した。当局による新劇界への厳しい締め付けのなかで、佐々木はなんとか成功させたいとの思いで工夫をめぐらし、今で言えばミュージカルのような手法で演出した。

「チャンバラあり、濡れ場あり、愁嘆場あり、歌あり、踊りありといった、いわゆる大衆的な手法の、大がかりなにぎやかな芝居であった」（『風雪新劇志』）。ところがこの芝居を、治安維持法で検挙されたあと転向して出所したばかりの村山が、革命的インテリ目線で、反動的な芝居であると新聞紙上で酷評したのだ。「私は、正直腹が立った。いつまで公式論をふり廻してやがるんだと……」（『風雪新劇志』）。この時点で佐々木は村山から離れた。

佐々木と千田の分岐点は、昭和十三年五月に千秋実ら若い団員たちが新築地を脱退して五月座を作り、佐々木が彼らの指導に当たったときだ。千田は十二年の終わりごろから劇団の合理化改革を強化し始めた。このとき、小山内薫と土方与志が創設した築地小劇場の継承者は千田ではなく、佐々木だった。もとをたどれば小山内の死後、昭和四年に築地小劇場が分裂して新たに設立された新築地劇団の中心人物は小山内の意志を継いだ土方だったが、土方は昭和八年にソ連へ行き、そのまま亡命して不在だった。その土方から信頼され互いに親交の深かった佐々木は「何としても、その頃の新築地の行き方が気に入らず」（『風雪新劇志』）、〝千田システム〟に反発した若い団員に共感したのである（注・一二〇ページ参照）。

こうして三人は離れていき、演劇人生において再び交わることはなかった。

昭和十五年八月の朝、佐々木は警視庁と杉並署の特高数人に寝込みを襲われる。寝耳に水で、まったく心当たりがなかった。昭和五、六年ごろならいざ知らず、今ごろなんだ？　と思った。「ちょっと長引くからな、その用意をして行ってもらおう」と特高が言った。杉並署に連れて行かれ、そのまま留置所へ放り込まれた。やがて特高から、新劇は新協劇団と新築地が解散に追い込まれ（要するに右寄りの文学座以外のほとんどの劇団）、主だったメンバーが治安維持法違反で逮捕・拘留されたことを聞かされた。すでに戦時体制強化のために左翼思想は無論、少しでも自由主義的なものへの弾圧が始まった。佐々木は非共産党員で党と直接関係しなかったとはいえ、プロレタリア演劇活動がいくら合法的な範囲と主張しても、そこから得た金が地下の組織に党の再建費として流れていたことに変わりはない。そして佐々木もお定まりの「転向」を宣言する手記を書かされた。しかし佐々木の場合は官憲に提出するための手記ではなく、マルクス主義への絶縁状を自分自身のために書いた。もうとっくに、佐々木の心情はそこから遠ざかっていたからだ。これまでの敗北を認めることは、これからの自分の人生をよりよく生きることへの宣言だった。

「元々私は、理論的に深くマルクス主義を体得していたわけでもなく、したがって、『転向』を合理化するための七面倒臭い理論的筋道など必要でなかった。左翼的な仕事と、その世界の空気がやりきれなくなり、どうにもいたたまれなくなって、そこから逃げだしただけのことで、だから私の場合は、あくまでも『転向』ではなくて、敗北者の逃走だ」（『風雪新劇志』）

昔の仲間には〝偽装転向〟というような、転向を何度も繰り返して娑婆と刑務所を出たり入ったりした〝曲芸の名人〟がいたという（これもある意味すごいと私は思うが）。だが佐々木にはそんなことはできない。「逃げっぱなしである」と書いて、そこで佐々木の自伝は終わっている。昭和十五年までの四十二年の半生を昭和三十三年に綴り終え、翌三十四年に出版した。私は俳優の自伝を何冊か読んだが、『風雪新劇志』は名著だと思っている。資料的な価値は言うまでもないが、記憶の正確さには感心させられる。淡々としていながらその実、文章表現は巧みだ。佐々木の情熱的で一本気な性格と、その一方で合理的に割り切る潔さ、一方に偏らないバランス感覚、人への目線の温かさ、文化芸術への造詣の深さ、理詰めで物事を断罪しない柔軟さ、また謙虚さや自省、誠実さも感じずにはいられない。だから読後感は爽快だ。佐々木はこれを「自伝めいたもの」とし、あとがきにこう書いている。

「第一私は、臆面もなく人様の前に大それた『自伝』などを公表できるような柄でもないし、読んで頂いた人に、プラスになるような、卓れた経歴の持ち主でもない。私はただ、青年時代の大部分を、社会主義芸術運動のめまぐるしい渦巻の中で、もみくちゃにされながら、右往左往していた甚だ取り柄のないぼんくらな人間に過ぎない」

大正から昭和初期までの日々、佐々木は社会主義芸術活動のめまぐるしい渦巻のなかで、志をともにする人々と出会い、心が震えるような感動を知った。そのことを誇りに思う一方で、これからは政治的暴風の吹き荒れる時代を耐え忍んで生き抜かなければならないという決意がここに表れている。

昭和十五年八月、特高に促されるままに手記を書かされて転向を表明した演劇人は佐々木だけではなく数十名に達した。新協劇団と新築地に属する主なメンバー、劇作家や俳優たちは治安維持法違反でことごとく検挙されて獄に入れられた。新協劇団関係では村山知義、久保栄、秋田雨雀、久板栄二郎などの作家・演出者と、俳優では滝沢修、小沢栄太郎、松本克平、信欣三《しんきんぞう》、宇野重吉、三島雅夫、細川ちか子、原泉子ら。新築地劇団関係では直前に脱退していた千田是也、山川幸世、籍だけ置いて五月座を指導していた佐々木孝丸をはじめ、脚本・演出の八田元夫、俳優の石黒達也、薄田研二らである。薄田研二は逮捕後に起訴猶予となって釈放され、この後の新築地の強制解散の後始末のために奔走した。新協劇団と新築地の二つの劇団の歴史は、この時点で終わった。そしてそれは新劇の歴史がここで終わったとも言える。

かつて左翼劇場に入って佐々木から薫陶を受けた松本克平は、昭和九年から六年間、村山知義の主宰する新協劇団に在籍し、佐々木と同じ昭和十五年八月に治安維持法違反で逮捕され、翌十六年十二月に釈放された。戦後に多くの演劇関係の著書を遺し、それらは資料価値が高い。『八月に乾杯　松本克平新劇自伝』で松本はこう書いている。

「共産党員と違って我々新劇人は、手記の執筆を拒否したり黙秘権を使ったりすると却って不利になる。なぜなら新劇運動はあくまで東京府の興行規則に従った合法運動だから共産党員でもない新劇人が拒否したりするのは行き過ぎであり誤りである」

まったくそのとおりで、佐々木が特高に手記を書かされたとき、「これは『手記』などではない、やりきれなくなって逃げ出しただけだ」と自伝に書いたが、もともと佐々木に手記を書く必要はなかったし、そんな義理もなかった。資金援助についても直接かかわっていないので証拠はなく、知らなかったと言えば済む。しかしそうはいかなかった。明治末期からの革新的新劇運動は、大正デモクラシーから一転して昭和の軍国主義へと変遷して以降、急激に弾圧されていった。一部の新劇人が政治運動に加担していったことが一網打尽につながったが、芸術と政治を切り離せなかった村山のように、そもそも新劇そのものが政治を内包するものだったのだ。

昭和十五年は紀元二千六百年記念奉祝の年で、近衛文麿の大政翼賛運動が高揚し、大政翼賛会が発足した年である。松本克平はそのときのことをこう記している。

「この時とばかりに新協・新築地を赤だと逆宣伝しながら一斉検挙して叩き潰し、他方で新劇芸術派の巨匠岸田國士を文化部長の椅子に据えることによって新劇弾圧に対する国民の疑惑の眼を巧みに外らし、これを梃子にして日本中のあらゆる芸能を一気に戦争宣伝劇の方向に転換させ、しかも翼賛会内の自分らの革新派内務官僚の勢力伸張と指導権確立を狙った一石四鳥の謀略作戦が新協・新築地弾圧であったというわけである」（『八月に乾杯　松本克平新劇自伝』）。

昭和十六年五月に日本文学報国会（前身は菊池寛の「ペン部隊」）が結成され、六月、日本移動演劇連盟が発足し、大政翼賛会大会議室で発会式がおこなわれた。目的は「健全娯楽の普及、国民的信念の昂揚、国民文化の樹立」というもの。プロレタリア演劇が敗退し、要するにすべての演劇人は戦時体制下での殖産奨励、戦意高揚の旗印のもとで活動する以外に道はないということだ。新劇人も同様に組み込まれて〝渋々〟従うほかなく、以後、日本の演芸・演劇はすべて国策劇となる。加盟団体は松竹、東宝、吉本などの興行会社と商業演劇、そのほか新劇各劇団が組織する移動演劇隊。社団法人で、会長は藤山愛一郎、理事に岸田國士、大谷竹次郎らが就任した。このころ、佐々木はどうしていたのだろうか。

昭和十六年五月、前進座が創立十周年を迎え、大阪道頓堀・中座で記念興行を開催。演目は小山内薫作、佐々木孝丸演出で『戦艦三笠』。

「戦時中、戦局の推移と共に、段々まともな芝居が出来なくなっていった各劇団や俳優のグループは、殆んど例外なく移動演劇活動を行うようになり、その大部分は、大政翼賛会や情報局の息のかかった『移動演劇連盟』に加盟し、その指導統制下に置かれるようになっていた」（『悲劇喜劇』一九八〇年八月号、佐々木孝丸「八月十五日前夜」）

佐々木も新劇人として例外ではなく移動演劇活動、いわば全国への慰問演劇隊に加わっていた。戦時下の移動演劇とは日本が戦意高揚のために国策としておこなった一種のアジテーション・プロパガンダ演劇であって、その意味で言えば大正十五年に佐々木たち先駆座がトランク劇場と銘打って小石川の共同印刷労働争議に組合側支援のために出動した方が先で、おまけに成功している。「プロレタリア階級闘争」と「戦争遂行」というまったく逆の宣伝とはいえ、それを情報局・翼賛会連中がそっくりマネしたのは皮肉だった。戦時中、戦意高揚の移動演劇をやらされた佐々木のみならず、新劇人の誰もが敗北者であり、新劇そのものの敗北だったのだ。

昭和十七年、除隊になって樺太から帰国した千秋実が、娘の踏絵と結婚した。千秋実（大正六―平成十一年、本名・佐々木勝治、旧姓・森竹）は北海道の出身で、中央大学法学科在学中に芝居に興味を持ち、昭和十一年、新築地劇団の研究生になる。千秋実という芸名は、尊敬していた山本安英に付けてもらった。入団直後、ドイツの演劇学校で学んだ千田是也が観客を大衆からインテリ層へと転換し、優秀な俳優を中心とするシステムに改組・整理した。これには佐々木も不満だった。昭和十三年に新築地の研究生七名が千田是也ら劇団指導部に対する不満を噴出。千田の言う俳優システムが理解できず、〝千田独裁体制〟に反旗を翻し、「良い演劇を街頭へ、庶民へ」をモットーに脱退した。そのなかに千秋実と踏絵もいた。演劇志望の若者を集めて「五月座」を結成。五月座は二回の公演をしたが、その矢先に支柱の千秋が召集され、一座は解散。日本は日中戦争から太平洋戦争へと向かう。千秋は昭和十七年に除隊になって帰京したものの、すでに新劇はどこも解散。やりたい芝居はやれず、移動演劇しかなかった。十七年の十二月、東京宝塚劇場で新国劇、北條秀司作、佐々木孝丸演出『風雪二十年』公演。

昭和十五年以降の新劇界は、たとえば文学座や芸術小劇場はそのまま活動を許されていたが、強制的に解散させられた新協劇団のメンバーの一部はそれぞれ時局に沿った演劇をやらされながらも活動を続けた。

昭和十九年二月、千田是也が青山杉作、東野英治郎、小沢栄太郎、東山千栄子、岸輝子らと俳優座を結成した。ただしその結成の直後に千田は演劇講習会を開いて若いメンバーで芙蓉隊を結成し、移動演劇連盟の準専属部隊とした。要するに千田は、敗戦を見越して俳優座の本格的な活動の隠れ蓑を作り、戦時下の国策劇活動はその芙蓉隊が担ったのである。

大劇場が次々と閉鎖される（歌舞伎座、新橋演舞場、帝劇、日劇、東劇、有楽座、明治座、浅草国際劇場など）。

昭和十六年から敗戦までの、佐々木孝丸が加わったという海軍慰問の移動演劇活動の詳しい記録がない。もうこのころすでにかつての新劇のメンバーとは距離を置き、〝一匹狼〟的な活動をし始めた佐々木の姿を想像する。そしてそのまま、時代は敗戦を迎える。

このころ、村山知義はどうしていたのか。村山は昭和六年に共産党に入党したが逮捕され、昭和八年に転向して九年に出獄した。昭和十五年八月の新劇人一斉検挙の際に再逮捕されて釈放、十六年二月に逮捕拘留、十七年四月まで拘置所にいた。昭和二十年三月に朝鮮から満洲に渡って朝鮮文化協会で演劇宣撫活動に赴き、八月十五日はソウルにいて、朝鮮舞踊研究所で自作のオペラ『春香傳』の稽古の最中に、ラジオで玉音放送を聞いて日本の敗戦を知った。

八月十五日

昭和二十年（一九四五年）五月二十五日の大空襲で焼夷弾の直撃を受け、佐々木夫婦と千秋実一家は住んでいた西永福町の借家を焼け出され、家財道具も蔵書も一切合財きれいに灰にされてしまった。近くの借家に住むことにしたが、二夫婦と子供たちが住むには狭く、佐々木の妻と孫が四国に疎開する。そして終戦。

「『もう負けました。戦争はもうやめます』という敗北自認の天皇の言葉の録音放送を、私は昭和二十年八月十五日の正午に、井の頭線西永福駅の近くにあった小さな移動劇団の事務所で数名の仲間と共に聴いた。そしてその日のうちに、この移動劇団は解散した。その劇団が何という名の劇団だったか（当時の移動劇団は何々劇団とは呼ばず、何々隊と呼んだが）、今どうしてもその名が思い出せないのだが、それが、その時点で海軍航空本部をスポンサーとする移動劇団であったことだけは確かであり、その指示に随って、東京近在のそちこちに駐屯する海軍の小部隊を慰問して廻るのが任務であった」（『悲劇喜劇』

一九八〇年八月号「特集＝わが終戦」、佐々木孝丸「八月十五日前夜」）いる。

佐々木はこう記しているが、同じ雑誌に千秋実も寄稿していて、二人のその日にいた場所が異なって

「十五日、終戦の詔勅も出、今まで頑張って張りつめていたものがプツッと止まってしまい、一瞬空白になったみたいで、正直ガックリ来た。やっていた移動演劇の事務所は銀座にあった。私の記憶では、茫然として親父（佐々木孝丸）と二人で銀座から皇居前に歩いて行ったように思う。たくさんの人々が二重橋の前で土下座していた。これは天皇制とか何とかいうことではなく、中心を失ってどうしていいかわからない人たちが、それぞれ複雑な気持ちで二重橋前に坐っていたのだと思う」（同、千秋実「庶民として」）

これを書いた当時の佐々木は八十二歳。千秋は六十三歳。二人は三十五年前の記憶を呼び起こして書いているので、時間的な記憶違いはやむを得ないだろう。二人が所属していた移動劇団もそれぞれ異なっていたのかもしれない。

戦争は終わった。大政翼賛会は解散した。戦時下での移動演劇連盟は活動を終結した。もう自由な演劇がやれる、と誰しもが喜んだに違いないと思ったが、千秋実はそこでこうも書いている。

「終戦とともに『解放された、これから自由になるのだと喜んだ』というようには感じなかった。そんなことは全然わからなかったのだからバカだったかもしれないが、恐らく私同様大多数の一般庶民は何も知らず、ただひたすら盲目的にお国のためとか同胞のため郷土のためと頑張っていたのだと思う。

それが、これまでの苦労が何にもならず敗戦で戦争が終わってしまったのだから、手放しで喜ぶ気になれなかったのだ。（略）『私の終戦』をふりかえり、改めて犠牲になった人たちを思い、痛感する。私も戦争中は夢中で頑張った。まじめに努力しただけに今は徹底的な反戦である。どんな名目の戦争にも反対である。これが私の終戦だ」

この千秋の思いは、大多数の日本人に共通した思いだったのかもしれない。

この年の十一月、佐々木は早くも仕事に取りかかっている。帝劇での前進座公演で、出し物はブロック作、佐々木孝丸演出『ツーロン港』。戦時中は軍部情報局の脚本検閲を受けたが、戦後の占領下でも新聞・出版物・映画・演劇などすべてＧＨＱの検閲を受けた。『ツーロン港』は反ナチがテーマなのですぐに検閲を通過した。

昭和二十一年二月、村山知義が新協劇団（第二次）の再建に乗り出した。前年の十二月に朝鮮から帰国した村山は、かつて新築地で旧知の劇作家・久保栄が、滝沢修や薄田研二とともに戦後すぐに結成した東宝傘下の東京芸術劇場へ参加を申し込んだが、久保に体よく断られ、怒った村山は自らの手で再出発を決めた。村山から誘いを受けた旧新協劇団メンバーの松本克平はそのときのことをこう書いている。

「急速な民主主義化と労働運動の昂揚の中で生活難と戦いながらの芸の再訓練は容易ではなかった。それに肝心の村山知義が左顧右眄してソレ読売新聞争議の応援に行けの、アジプロ劇をやれのと言い出し、さらに新協の俳優は自分の演出システムに統一されるべきだとして『一劇一演出家システム』を全員に押しつけ始めた。明らかに久保栄に対抗した提唱で久保栄同様セクトであった」（『八月に乾杯　松本克平新劇自伝』）

相変わらず村山独裁の新協劇団は、こうして難題を抱えて再建が始まったのだが、不幸なことに村山はこの年の八月、童話作家で詩人の妻・村山籌子を亡くした。まだ四十二歳だった。告別式の日、村山はただ泣いてばかりで参会者に挨拶もできず、用意した挨拶文は劇団の宇野重吉が代読した。昭和二十二年に出版された村山の『亡き妻に』を読むと、籌子が病床でどれほど夫を求めながら孤独のうちに死んでいったかがわかる。不実な夫だった村山の人間性を、佐々木は長い付き合いのなかで気づいていたはずだ。妻の心も理解しない男が、貧しい労働者の気持ちを代弁するプロレタリア演劇を作れるのか？　肺結核で死にかけている妻より自らの思想信条の方が大事なのか……？　天才でエゴイストで観念的で親分肌の村山知義の才能を評価しながら佐々木が村山と袂を別った理由の一つは、私はもしかしたらそこにあるような気がしてならない。村山に師事していた松本克平でさえ、「酔って抱きかかえて離そうとしない師匠を殴って」第二次新協劇団を退団し、千田是也の誘いを受けて俳優座に入団した。

私はときどき、高松市宮脇町にある市営姥ヶ池墓地に足を運ぶ。そこに岡内家と村山籌子（旧姓・岡内）の墓があって、籌子の遺言の墓碑銘がある。

「われはここにうまれ　ここにあそび　ここにおよぎ　ここにねむるなり　しづかなる　瀬戸内海のほとりに」

筆跡は陶芸家の富本憲吉によるものだ。普段はほとんど誰も来ないひっそりとした淋しい墓地だが、そこにただ佇み、それからあたりの峰山の麓を一時間ぐらい散歩して、またトボトボ歩いて家へ帰る。

中央公園にある菊池寛の銅像のあたりへ行くより、私にはこの墓地の方が心が落ち着く。

敗戦の混乱のなかで、演劇が人々とかけ離れた、まるで絵空事のような世界であっていいのかという疑念が、この時期の佐々木にはあった。昭和二十一年の新劇界がどうであったか、佐々木孝丸は『スクリーン・ステージ』十二月三日号で次のような鋭い指摘をしている。

「堅実な道を歩んできたということは、一方からいえば冒険がなく飛躍がなく、野心的な意味において積極性に欠けていたのではないか。このことと関連して、さらに驚くべき事実は現実の人生に対して最も鋭く、最も敏感であるべきはずの新劇団が——このうち最も有力な三劇団がこの一年間の活動を通じて、敗戦後のすさまじい現実を反映する芝居をただの一度も上演していないという事実、東京における新協四回、文学座三回、俳優座二回、合計九回の公演ことごとくが、今日の日本の現実とかけはなれたものばかりであったという事実、これはいったい何を意味するのか」（『新劇年代記〈戦後編〉』）

この力強い批評の裏には、新しく生まれた小さな劇団の野心的な実験への期待が込められていた。

昭和二十一年一月、早くも千秋実が「薔薇座」を旗揚げしたのだ。佐々木の娘、踏絵も入ってわずか十名そこそこだが、全員二十歳代の若い劇団だ。千秋は新しい創作劇、現代劇にこだわった。

「戦後の占領軍、マッカーサー司令部（ＧＨＱ）は上演用台本をいちいち検閲し、軍国主義的なものは無論ダメ、封建的なものや、かたき討ちもダメ、とうるさかった。忠臣蔵などもってのほかだ。それに対して、旧劇の歌舞伎、新派をはじめ商業演劇も新劇団も、何も新しい生みの苦しみに直面しようとしない。既存の芝居の中から、できそうなもの、GHQの許可を得られそうなものを探している。薔薇座はそんなことをしないぞ、どんなにむずかしい仕事であっても、新しいものをやるんだ」（『わが青春の薔薇座』千秋実　佐々木踏絵著）

築地小劇場など、戦災で目ぼしい劇場は消失し、劇場難、資金不足、物不足、人手不足のなかでの出発だった。あるのは情熱だけ。そして五月、薔薇座第一回公演、久藤達郎作『新樹』を神田共立講堂で旗揚げした。物語の舞台は敗戦後の東北の農村、そこへ思想犯の主人公が一族の暮らす家に帰郷するところから始まる。そこには戦死した二男の嫁や正気を失った叔父などが登場して、苦悩のなかで希望を見出していくという物語。まさに当時の生々しい現実を写したドラマだ。幸い芝居の評判がよかったので、薔薇座は次回に向けて奮闘する。といっても、経営的には大赤字だったから、千秋や踏絵は「薔薇座ニュース」を作って配布して宣伝して回り、作家の武者小路実篤をはじめ理解を示してくれそうなところへ行って支援や資金援助を頼み込んだ。

この年の九月、日劇小劇場で薔薇座第二回公演、久藤達郎作、八木隆一郎演出『東風の歌』。その勢いで、千秋は第三回の脚本を菊田一夫に頼み込んだ。アポなしの、いきなりの訪問だったが、菊田は快く会ってくれた。この菊田との出会いが次につながった。演出には、戦後の食糧難・住宅難でしばらく神奈川県久里浜に疎開していた佐々木を引っ張り出した。

昭和二十二年一月、日劇小劇場で薔薇座第三回公演、菊田一夫作、佐々木孝丸演出『東京哀詩』。ガード下に住む戦災孤児や闇屋・浮浪者・夜の女たちの物語は新聞批評もよく、連日満員になった。そして十月、薔薇座第四回公演、菊田一夫作、佐々木孝丸演出、日劇小劇場で『堕胎医』。堕胎医という衝撃的なタイトルだが、この演劇は大変な話題になり、連日超満員になった。この舞台を観た黒澤明が、ぜひ映画にしたいと申し出た。ただし東宝では戦後勃発した労働争議が長引いて撮れないので大映で撮ることになった。千秋実が演じた主役の医師役を三船敏郎、婚約者の美紗緒を三条美紀、看護婦るい役を千石規子。タイトルも『静かなる決闘』と改題され、映画は二年後に公開された。そしてこのときの黒澤明との縁が千秋実の俳優人生に大きな影響をもたらすことになった。

昭和二十三年には五月、薔薇座第五回公演、久板栄二郎作、佐々木孝丸演出『若きこころの群像』。十月、薔薇座第六回公演、八木隆一郎作・演出『おまえもまた美しい』。十一月、十二月、薔薇座第七回公演、菊岡久利作、佐々木孝丸演出『怖るべき子供たち』と、三回の新作現代劇の公演。こうして薔薇座の名前は広まっていき、早くも頂点がきた。

佐々木はこの時期、現代劇・社会劇をやる意義があると言いつつ、戦後の厳しい社会状況をただぶつけるだけの演劇を求めているわけではなかった。演劇誌『日本演劇』一月号で、「美しさ・明るさ・面白さ」と題して佐々木がこう書いていることに注目したい。

「私は、大衆に与える芝居の影響力、かたくるしくいえば『演劇の社会的効用性』ということについて、けっして、消極的・否定的な立場をとるものではないし、それどころか人一倍その点をふかく気にしているつもりだが、それゆえにこそ、芝居はまず、楽しく面白いものでなければならぬという信念を強くするのである。（略）私は、『現代劇』とか『社会劇』とかいうものを、かたくるしく、せまくるしく考えたくない。パンパンの世界、浮浪児の世界を描くことが低俗で、『小菅内閣』や『よいどれ大臣』を描くことが高級であるとも思わないし、まして、一部のインテリ層だけに共鳴されるような、独りよがりの『深刻な』心理を扱ったものだけが高い芸術だなどとも思わないのである。

作家も劇団も演出家も、もっとのびのび、図太く大胆に仕事をしていいのではないか。あんまりせせこましいことばかり言っているからいつまでたっても、既成の商業演劇に太刀打ちできないのだ」

昭和二十四年三月、三越劇場で薔薇座第八回公演、佐々木孝丸作（永井隆・補）、門馬隆演出『長崎の鐘』。被曝した長崎医科大学の永井隆博士を主人公にした物語で、千秋たちは四月には長崎へ行って病気療養中の博士を訪問し、そのことも話題になった。五月、長崎公演へ。九州公演は盛況だったにもかかわらず興行的には暴力団の介在で収入をピンハネされた結果になった。七月、新宿セントラル劇場で薔薇座第九回公演、若杉慧作、植草圭之助脚本、佐々木孝丸演出『エデンの海』。この『エデンの海』は、偶然にも石坂洋次郎の『青い山脈』に似ていて学園を舞台にした青春劇で、『青い山脈』より早く発表されたのだが、それほど評判にはならなかった。結果的に『エデンの海』は『青い山脈』の圧倒的な人気に敗けた形になった。

八月、三越劇場で第十回薔薇座公演、北條秀司作、佐々木孝丸演出『冷凍部隊』。

十回の公演を終えた薔薇座は、これで刀折れ矢尽きて散ることになった。時代を懸命に生きる人々を演じながら、現実には常に資金繰りに追われ、自転車操業だったのだ。だが彼らには彼らなりの矜持があった。あくまで新劇にこだわり、〝旧劇〟にはしたくなかったということだ。たとえば文学座は演目に窮すると、臆面もなく何回でも杉村春子の『女の一生』を出す。薔薇座にも出せば受ける『堕胎医』があった。そうすればなんとかやっていけたかもしれないのに、なぜそうしなかったのか。なぜ書き下ろし創作劇、現代劇にこだわったのか。

「まだ外地から引き揚げていない人間もいっぱいいるし、生き残ったおおかたの人間が心身ともに傷つき、戦災の灰の中を這いまわっているような世の中だった。文化に飢えてはいても、手の届かない、自分には縁のない宝石のきらめきを見るよりも、目の前の一個の握り飯の方が魅力がある、厳しい現実の中の必死の時代だった。そういう一般人が薔薇座のお客だった」（『わが青春の薔薇座』）

こうして薔薇座は潔癖に創立の意志を貫き、つぶれた。その時代の現実社会に寄り添い、その時代を演じるというこの薔薇座の志は、佐々木孝丸とも通じるところがあるのは間違いない。いやむしろ、佐々木孝丸の思いが薔薇座に反映していたとも言える。そしてその薔薇座の終焉が、佐々木孝丸のプロレタリア演劇人生の終焉を意味していた。

一方、千秋実は黒澤明に見込まれ、映画『野良犬』（昭和二十四年）に初めて映画出演した。これ以後、彼は黒澤作品に『醜聞』（五十）、『羅生門』（五十）、『白痴』（五十一）、『生きる』（五十二）、『七人の侍』（五十四）、『生きものの記録』（五十五）、『蜘蛛巣城』（五十七）、『どん底』（五十七）、『隠し砦の三悪人』（五十八）、『天国と地獄』（六十三）の計十一本の黒澤映画に出演した。なかでも『羅生門』で演じた旅法師の役が私には印象深い。

戦後に昂揚した労働運動はＧＨＱの反共政策によって弾圧され、企業内では人員整理、大量首切りで労働争議は収束に向かわざるを得なかった。東宝でも戦後から従業員・俳優らのストライキが続き、会社は所属俳優だけでは映画が作れなくなってその穴埋めを新劇に求めた。東宝では主に千田是也の俳優座に所属する団員が出演した。戦後の映画・演劇の俳優はともに日本映画演劇労働組合に所属していたから、いってみれば同じ組合の労働者が、仲間を裏切って企業側のスト破りに協力したことになる。これが戦後における新劇の再出発の実態だったのである。昭和十五年の軍部への協力と戦後のスト破り、この二つはとてもよく似ている。小山内薫と土方与志が生み出した革新的新劇運動は、昭和の初めにはプロレタリア演劇となって広がった。戦前の軍部と戦後のＧＨＱからの弾圧といった苦難はあったが、八月十五日を経たはずの戦後の新劇は、千田是也の俳優座に代表されるような「職業化・合理化」路線によって何の反省や総括もなく突っ走ったことになる。

やがて昭和二十五年にはすさまじいレッド・パージ旋風が起こる。新聞には共産党員やそのシンパとみなされた映画俳優や演出家の名前が書きたてられ、彼らの多くが出演不能、もしくは会社から追放された形となった。その波紋は新劇界にも大きく及んだ。『新劇年代史』によると、演劇評論家の尾崎宏次がこう記している。

「まず俳優座は、座内の共産党細胞を解散し、劇団として無色透明であることをしめした。村山知義を中心にする新協劇団からは、大森義夫ら約十数名が脱退を声明して、《バリエテ・せるくる》を結成、喜劇をやると公表した。翌十一月には民芸の中心俳優滝沢修も共産党をぬけ、十二月には同劇団の宇野重吉や加藤嘉も自然脱党した。文学座だけが、そういう問題の圏外にあったが、それはおのずから文学座の性格であった」

昭和二十五年二月、日本の映画史上、画期的な映画が公開された。山本薩夫監督『暴力の街』である。これは実際にあった事件を描いた映画で、内容もさることながら、製作の過程そのものもまた戦後という時代を如実に浮き彫りにしている。

東宝は映画会社のなかでは戦前から開放的な社風だったこともあり、戦後すぐに東宝従業員組合が結成された。やがて労働運動の盛り上がりとともにストライキを繰り返し、五千六百名の組合員を抱える巨大組合になっていた。昭和二十一年、ストには反対だが会社側にもつかないと表明した大河内伝次郎、長谷川一夫、山田五十鈴ら十人のスターが「十人の旗の会」を結成し、翌年に新東宝を設立した（その後スターたち俳優は相次いで他社に移籍し、新東宝映画は昭和三十六年に倒産）。昭和二十三年、東宝は大量の人員整理を発表。八月十九日には組合員二千五百名が立て籠った砧撮影所に、武装警察官二千人と米軍のジープ六台、装甲車六台、戦車三台が包囲し、強制仮処分執行を迫って組合員に撤去を要求した。この日の事件はまさに「来なかったのは軍艦だけ」と、のちのちまで語り草になった。日本映画界の共産主義化を阻む米軍介入だったのである。山本薩夫はこの日のことを自著にこう書いている。

「まだ昼前であった。私たち争議団員全員は隊伍を組んで、インターナショナルを歌いながら裏門から退出した。裏門には装甲車が並んでいた。隊伍の先頭に五所平之助の姿もあった。インターナショナルを歌いながら、女優さんたちはみんな泣いていた」（『私の映画人生』）

東宝大争議が終結したあと、東宝総帥の小林一三はこう言い放った。
「五年にわたる苦闘も終わり、東宝には一名の共産党分子も、同調者、（会社に対する）非協力者もいなくなった」（『私の映画人生』）
組合側の指導者で共産党員だった山本薩夫、亀井文夫、今井正ら映画監督は東宝を追われた。山本がこれからどうしようかと思案していたとき、東宝から千五百万円が争議解決金として日本映画演劇労働組合（日映演）に返されてきた。「返された」というより、日映演が争議妥結条件として東宝に出させたのである。それを穏やかに言えば「東宝が解決金として組合に返却した」ということになるようだ。そもそも千五百万円という金額は日映演が東宝労働争議資金として各支援団体から集めたもので、山本ら組合側はそれを争議資金として借りてすでに使い果たしていた。本来なら東宝争議団が日映演に返却すべきところだが、それはもはや不可能だし、誰も望んでいない。日映演ではこの金をどうするか問題になった。結局、形として争議団の返却を一時延期するということで、これを資金に自主制作映画を一本撮ろうという話になった。山本にとってはまさに渡りに船だった。
「要するに『暴力の街』は、東宝争議の解決資金をもとにできた映画であり、その意味ではまさに、東宝争議そのものが生み出した映画だと言っていい」（『私の映画人生』）
少々ややこしいが、このいきさつだけでも興味深い話である。
原作は、朝日新聞浦和支局同人著『ペン偽らず　本庄事件』。ちょうど事件当時、山本の学生時代の友人がこの支局のデスクの担当で、山本の元に出版されたばかりの単行本が送られてきた。読んでみると実に面白く、山本はこれを映画化することに決めた。内容は、本庄伊勢崎銘仙の街、埼玉県本庄町（現在の本庄市）を舞台に昭和二十四年に実際に起きた、市民による暴力団排斥運動を描いたもの。全国紙『朝日新聞』の浦和支局記者たちが横行する銘仙の横流しを紙面で暴いたのを機に、これが町議会副議長で地元のボスの支配の下でおこなわれ、暴力団が善良な町民を恐喝して金を巻き上げ、警察は言うに及ばず町議、公安、検察まで抱き込んでいたことが白日の下にさらされた。そこで町の若者たちが中心となって立ち上がり、婦人会などと連帯して町から暴力を追放していく話である。映画は日本映画人同盟と日映演の共同作品として製作され、配給は大映。資本金千五百万円。当初、町民は報復を恐れて非協力的だったが、本庄事件は町の恥だという声が広がって撮影ロケに協力するようになった。町の人々は日常的に暴力団のいやがらせや暴力を受け、警察は彼らと癒着していて取り締まらない。そんな不正や横暴に対する我慢が限界に達していて、恥は隠すよりも勇気を出して曝すべきだと気がついたのだ。出演者は、池部良、原保美、宇野重吉、志村喬、沼崎勲、船越英二、神田隆、安倍徹、見明凡太郎、清水元、下條正巳、英百合子、三条美紀、岸旗江、佐々木孝丸、滝沢修、三島雅夫、松本克平、永田靖、河野秋武、殿山泰司、清水将夫、花沢徳衛、高堂国典、植村謙二郎、根上淳といった東宝、大映、松竹、俳優座、フリーら、当時の名だたる映画俳優が会社の枠を越えて総出演した特筆すべき映画である。映画の完成までに暴力団からの様々な嫌がらせがあり、モデルにされたという検事までが告訴すると言ってきたが、結局検事からの告訴はなく、撮影は無事終了して公開された。

私は敗戦直後の日本でこういう映画が作られたことをまったく知らなかったと同時に、驚きでもあった。この映画が作られた理由は、山本が言うようにまさに戦後という時代そのものだったのだ。

配給の大映からの配分金は東宝争議の解決金（日映演への返却金）である製作費を上回り、五十万円の利益となった。山本はこの成功で、映画会社の外で独立プロを基盤として映画を製作することができることを学んだ。佐々木孝丸は暴力団・狩野組の親分役で出演している。かつて村山知義作『暴力団記』で演じた周平甫の役がここに活かされていると言ってもいい。まさにはまり役だ。この出演を機に、この年から佐々木は映画俳優として多忙な日々を送ることになる。この『暴力の街』は、佐々木が演劇でやろうとしていた時代を映すジャーナリスティックな映画であり、俳優・佐々木孝丸にとって人生五十歳を過ぎての再出発となった記念すべき映画でもあった。

佐々木は戦後一貫して（正確には昭和十五年以降）、俳優座や民藝、文学座、新協劇団など特定の劇団には属さず、フリーとして活躍した。映画会社にも属さなかった。それにもかかわらず、わかっているだけで百数十本の映画に出演した。フリーの俳優は五社協定（戦後の映画会社五社が専属俳優の他社出演を制限した協定）などに縛られず自由な反面、経済的には不安定な立場である。なぜどこにも属さなかったのか？　それが村山と千田のどちらの方向性も肯定できなかった佐々木の俳優としての矜持だったのか……？

村山知義は戦後、新劇はまず真に民主主義的な演劇でなければならないとし、こう述べる。「もともと政治と相関係していない演劇などというものはあり得ない。社会の経済的諸関係という基礎の上に政治が生まれ、その政治的諸関係が文化、芸術を生むのだから」（『新劇の再建』）。さらにこう書いている。

「新劇は商業主義演劇に反抗するものでなければならない。商業主義演劇とは興行資本によって、利潤を生むための商品として提供される演劇である。それが歪み、堕落した芸術になることは、たといその中にいる芸術家がどんなにもがこうと避けることはできない。（略）だから新劇は独立した経営を獲得した独立劇団とならなければならない」。そしてこう主張する。「労働組合等との結びつきによって、『芸術的に高度な、しかも解りやすく面白い、小劇場的演劇』への道を拓くことができるであろう」。

千田是也は戦後、こんなことを書いている。

「芸術であるためには、舞台の内側のまとまり――その内閉性とやら有機性とやら自律性とやら――が大事とよくいわれるが、夜毎にかわるお客を相手に芝居をつくっていると、そのまとまり、その内閉性、有機性、自律性とはいったいプロセニアムのこっち側だけのことでよいのか、舞台と客席をひっくるめた芝居小屋全体のまとまり、さらにそれをかこむ世の中全体のまとまりでなくてよいのか、ということを身にしみて感じないわけにはいかない」（『演劇入門』）

村山と千田は「演劇の芸術性」の追究という、一見似たようなことを言っているが、全然違う。似ている点は二人とも〝独裁者〟であること。違うのは、村山は戦後も労働運動というものを信じて相変わらず正論を唱えていることだ。対して千田は、正論をかなぐり捨てて、商業としての演劇を目指す宣言のようにも見える。村上の言う商業資本に正面切って反抗しようとする演劇は、とくに戦後のレッドパージの時期にあっては必ずまた政治性に直面せざるを得ない。戦後のGHQによる民主化政策は数年で終わるとたちまち〝逆コース〟の道をたどり、再軍備と組合つぶしの嵐になった。左翼思想が危険なものという意識は戦後払拭されるどころか、ＧＨＱのお墨付きとなってしまった。演劇とは本来その時代に生きる人間を描くものであり、おのずと政治性を内包しているという村山の主張は正しい。だが戦時中のような当局からの弾圧ではなく、戦後の経済発展に邁進する人々の意識から、しだいに政治性を内包する演劇が見放されていく。

村山は戦後昭和二十一年二月第二次新協劇団を再建する。だが、第一次創設からのメンバーであった宇野重吉は翌二十二年に退団し、やはり新協劇団員だった滝沢修、北林谷榮らと民衆芸術劇場（第一次民藝）を創立した（二十四年に解散後、二十五年に第二次となる劇団民藝を創立）。二十五年に薄田研二も「共産党五〇年問題」（ＧＨＱによるレッドパージで党が分裂したこと）の影響で退団後、中央芸術劇場を創設。団員の相次ぐ脱退で弱体化し、昭和三十四年に新協劇団と中央芸術劇場が合同で東京芸術座を創設して、新協劇団は幕を閉じた。村山の演劇人生は戦後もなお政治と深い関係を持ち続けた。また昭和三十七年から四十六年まで小説『忍びの者』五部作を発表して小説家としても活躍するが、昭和五十二年、村山は七十六歳で死去した。

一方、千田は昭和十九年に俳優座を創設し、二十四年に俳優座養成所を設立。二十九年に俳優座劇場を開設すると、劇団運営に重きを置いた。演劇を政治とは無縁の合理的な芸術として発展させ、アカデミズムと舶来趣味のシステマティックなイリュージョンとして展開する。洗練されてオーソドックスで現代的な演劇を確立させ、千田は日本の演劇界の重鎮になっていく。昭和二十四年に出版された千田の『近代俳優術』は、俳優の実践的な演技術を理論化した教科書として長く読まれた。平成六年（一九九四年）に九十歳で死去。平成十年には目覚ましい活躍をした演出家に与えられる千田是也賞が設けられた。

そしてもう一人、党や劇団といった組織のためではなく、ただ働く人々、観客からの共感を求めてプロレタリア演劇に身を投じてきた佐々木孝丸は、戦後は劇団や映画会社に属することなく一人の俳優として演じ続けた。それが村山の言う「興行資本によって利潤を生むための商品である商業主義」映画のなかであろうと、ひたすら悪役を演じ、戦後という矛盾だらけの時代を生き、エスペラント語の理想を持ち続けた。昭和四十六年、戦後二代目の日本俳優連合の会長に選任され、昭和五十七年まで務める（初代は徳川夢声、佐々木の後任は森繁久弥）。八十五歳まで映画に出演し、昭和六十一年、八十八歳で死去した。


振り返れば、明治四十二年十一月二十七日、二十八歳の小山内薫が『ジョン・ガブルエル・ボルクマン』（イプセン作、森鷗外訳）の開幕前に有楽座の舞台に立ち、

「私どもが自由劇場を起こしました目的はほかでもありません。それは生きたいからであります」

と口上を述べて、日本の新劇運動の歴史が始まった。「歌舞伎でもない、新派でもない」という否定の概念から、実験演劇を始めたのだ。「生きたい」と願う者にとって、古いものを破壊することが新しいものを作ることであり、生きることだった。新しい演劇、新劇とは本来、革新的で反体制的な芸術運動である。やがて大正になると世界的に革命が起こり、戦争の世紀になる。築地小劇場が新劇運動の拠点となり、多くの才能ある演劇人が集まった。大正末期に佐々木が作ったトランク劇場を契機にこの三人

が出会ったのも、歴史の必然と言っても過言ではないだろう。彼らは前衛座や左翼劇場、新築地劇団などで才能を磨き、プロレタリア演劇に没頭した。築地小劇場の舞台にも立ち、短くも輝かしい青春時代を謳歌した。やがて「演劇の芸術性と政治性」という、時代がつきつけた二者択一の無理難題に翻弄されて離れていったこの三人三様の人生は、まるで戦後の多くの日本人の姿と重なって見える。戦前の彼らの敵は外から自分たちを弾圧する軍国ファシズムだったが、戦後の敵は、この社会や自分たち自身のなかに潜んでしまったからだ。今なお胸に迫る普遍的なテーマを浮かび上がらせる。

第四章　戦後娯楽映画脇役半生

佐々木孝丸が戦後に出演した映画のすべては不明だが、筆者が確認できた映画を、演じた主な役柄でだいたい次のように分類した。

1　暴力団ボス、やくざ
2　右翼の理論家、政界の黒幕
3　満洲浪人、馬賊
4　科学者、大学教授
5　軍人
6　弁護士、法曹界
7　僧侶
8　時代劇

9　刑事、警察幹部
10　社長、重役、官僚、政治家

このように年代順ではなく演じた役柄によって分け、そのなかからいくつかの映画を取り上げて怪優・佐々木孝丸論へと展開していきたいと思う。映画に進出した昭和二十五年（一九五〇年）以降の佐々木の半生を、彼が演じたそれらの映画を一つひとつ論じることで、日本の戦後史までが鮮明に浮かび上がってくるようだ。

1　暴力団のボス、やくざ

『暴力の街』暴力団のボス・狩野、『東京の門』時田、『暴力の王者』村井、『三悪人と赤ん坊』赤沼、『二挺拳銃の龍』沼崎、『花と竜　第一部』友田喜造、『恐怖の空中殺人』水原仙介、『密輸船』中国人ボス・王大成（実は日本人・成田勇）、『女王蜂の怒り』彦太郎、『人生劇場　続・飛車角』依田親分、『花と嵐とギャング』河北、『拳銃対拳銃』相馬敏秋、『やくざの勲章』組長・川島信明、『若親分を消せ』小日向源八、『その後の仁義なき戦い』石黒、『顔役』島崎、『宿無し犬』沼野五郎

『暴力の街』〈山本薩夫監督、昭和二十五年（一九五〇年）、独立プロ、大映配給〉

第三章でも紹介したが、この映画で佐々木が演じる狩野組の親分というのは、堅気の衆にいきなりピストルをぶっ放したり日本刀を振り回すという凶暴なヤクザでかなりのコワモテである。悪役と言っても政界の黒幕やフィクサーというのではなく、見た目もワルで、これが佐々木孝丸のかつての当たり役なのかとちょっと驚いた。自伝『風雪新劇志』で佐々木は、舞台で悪役をやっていて野次り倒されるだけならまだしも、興奮して舞台へ飛び上がってきた客から殴られたことが一度だけではなかったと書いていたが、この映画を見てなるほどと合点がいった。戦前の佐々木の舞台を想像すると、本当に客が殴りたくなるほど悪のオーラたっぷりで凄みがあったのだろう。役者冥利とはいえ、割の悪い役ではあ

『暴力の王者』（昭和31年）
中央＝佐々木孝丸、右＝宇津井健

『花と嵐とギャング』（昭和36年）
中央＝佐々木孝丸、右＝鶴田浩二

『暴力の街』（昭和25年）

る。それにしてもこのとき、佐々木は五十歳を過ぎたばかりで、そのわりには若い。私たちが映像で見ることができる佐々木孝丸の最も若い姿である。

考えてみれば警察が暴力団対策に本気で腰を上げたのはつい最近のことである。歴史の影の部分、つまり権力と闇の組織との、利用し利用されてきたつながりは深くて長い。まして戦後数年しか経っていない地方都市での暴力団の存在を思えば、この映画の成功は奇跡に近かっただろう。成功のカギは、ジャーナリズムがその役割をしっかり果たしたことだ。この場合は新聞だが、その土地の悪を暴いて市民に知らせるという調査報道ができるのは、土地の新聞ではなく中央紙の場合の方がやりやすい。地方紙は土地の有力者との関係を考慮したり、権力と癒着している場合もある。繊維業界から横流しという闇資金で儲けている土地の有力者が暴力団を使っているのを、警察や検察も抱き込んでもみ消していることを新聞が暴く。それに奮起した勇気ある者が声を挙げ、青年団が中心となって町民らが立ち上がり、やっとのことで暴力団が摘発される。続いて警察、検察、公安委員会などの行政刷新がなされるという事件そのものの構図はわかりやすい。

映画では冒頭、「報道は厳格に真実を守らねばならない――プレスコード――」という文字が映し出される。占領下時代、すべての報道や映画演劇などは占領軍・ＣＩＥ（民間情報教育局）の検閲があり、とくに新聞はプレスコードで規制されていた。映画にいきなりそんな言葉が出てくるなんて珍しいことなのでちょっと驚いたが、映画で新聞の正義を強調しているのだ。これまた戦後という時代を感じさせる。ほんの五年前まではそうではなかったことを言っているのかと思い当たった。無論、この映画のテーマはＧＨＱの民主化政策に副ったもので、検閲が通ったわけだ。

とにかく映画で登場する記者は正義感にあふれ、頼もしく、機転が利き、人間的でリアリティがあり、かっこいいのである。昔はこういう記者がどこにでもいたような気になるから不思議だ。原保美や池部良が扮する若手記者もかっこいいのだが、なかでも松本克平と嵯峨善兵の中年のベテラン記者が面白い。銘仙業者が警察や検事や新聞記者を招待しての宴会で、原保美扮する若い北記者はこんな宴会自体おかしいと正論を吐くが、このベテラン記者二人は「新聞記者は書くとき書きゃあいいんだ」とうそぶいて酒を飲む。要するに飲むときは飲む、そのかわり書くときは容赦しないという、柔軟さと図太さを持っているのだ。これもまた新聞記者のタイプとして頼もしい。昔はそういう新聞記者がいたのだろう。そのほか、沼崎勲、船越英二、神田隆、宇野重吉、志村喬、河野秋武、永田靖らが扮する記者たちにそれぞれ好感が持てた。一方、土地のボス大西役の三島雅夫、戸上検事役の滝沢修も好演。宿屋の主人の殿山泰司、散髪屋の花沢徳衛、やくざの安倍徹、大坂志郎、青年団の内山明、根上淳なども印象深い。

『密輸船』〈杉江敏夫監督、昭和二十九年（一九五四年）、東宝〉

これはもう発見、と言っていい。こんな映画を見つけたことをちょっと自慢したいほどである。敗戦直後ならいざ知らず、スポーツ選手や歌手などの芸能人が薬物に依存して警察に捕まるというニュースが絶えない今なお、覚醒剤（昔はヒロポン）などの薬物汚染は社会問題なのだ。昭和五十八年、日本民間放送連盟が作った「覚せい剤やめますか、それとも人間やめますか」という覚醒剤撲滅キャンペーンCMがあったが、六十年以上前のこの映画もぜひ見てほしい。

強烈な存在感を示すのが、主役でないことは往々にしてある。この映画の主役は海上保安官、いわゆる〝海の麻薬Gメン〟を演じる三船敏郎だが、同年に公開された黒澤明監督『七人の侍』の菊千代を演じた三船に負けないほどの存在感を、この『密輸船』で佐々木孝丸が発揮しているのである。『暴力の街』の親分はただのワルだったが、ここではもっと深みのある佐々木の悪役の本領が存分に発揮されている。佐々木孝丸の代表作は『叛乱』の西田税というのが定評だが、私はこの『密輸船』も佐々木の代表作に加えたい。ここでの佐々木の役柄は、表向きは横浜のキャバレー経営者で、しかも麻薬密輸団のボス・中国人の王大成だが、実は日本人で元憲兵総長・成田勇、というのだからこうした〝重厚な悪役〟は佐々木孝丸以外にいない、と言ってもいいだろう。ラスト近く、密輸船の船長演じる徳大寺伸との乱闘の果てに撃ち殺されるシーンは見応えがある。

この映画の存在自体、最近まで私はまったく知らなかった。おそらく昭和二十九年の公開当時、あまりヒットしなかったのではないか。『第三の男』（キャロル・リード監督、グレアム・グリーン原作・脚本、一九四九年製作、日本公開一九五二年）は知りながら、『密輸船』を知らなかったことを私は大いに恥じた。というのも、この二本には驚くほど共通点が多い。『密輸船』は日本版『第三の男』と言っても過言ではない。

第一に、『密輸船』のテーマが麻薬であること。一口に麻薬といってもいろいろあるが、『密輸船』のなかではそれがなんなのかはわからない。麻薬とは定義の合意がない言葉で、医薬品以外の薬物の総称である。代表的にはアヘン、モルヒネ、ヘロイン、大麻、コカイン、覚醒剤などを指すのだが、映画ではそこまでは明かされない。その理由は、特定せず曖昧にすることで模倣犯を防ぎ、薬物は決して使用してはならないという道徳・理性を観客に訴えたかったのかもしれない。娯楽映画としても十分面白いのだが、三船演じる麻薬Gメンが身を挺して反社会的な組織に潜り込み、その非人間的・非人道的な存在のありようを観客に提示することも目的としていたのだろう。それほど、麻薬が現在では考えられないほど当時の一般社会を蝕んでいたのかもしれない。『密輸船』での麻薬は、『第三の男』での粗悪なペニシリンにあたる。

第二に、時代背景と舞台が第二次世界大戦後の敗戦国であること。オーストリアは一九三八年から四五年までナチス・ドイツに併合され、戦後は十年間、英・米・仏・ソによって四分割され、その統治下にあった。敗戦後のウィーンは、戦後日本の進駐軍占領下時代後と同じように荒廃的な雰囲気が漂っていたということだ。

共通点の第三は、映画音楽である。『第三の男』で流れるアントン・カラスのチターのテーマ曲は、映画とともに世界中でヒットした。日本ではヱビスビールのテレビCM曲として馴染みのあるメロディだ。一方、『密輸船』の音楽は早坂文雄（『七人の侍』も早坂が担当）。このギターの曲が『第三の男』と酷似しているのが私にはちょっと引っかかる。そこまで『第三の男』を意識しなくてもよかったのではないか。

昭和二十三年に当時の運輸省外局として海上保安庁が発足し、映画が公開される前年の二十八年に麻薬取締法が制定されたという時代背景を受けて『密輸船』が製作された。そのタイミングといい、若き杉江敏男監督のサスペンス映画にかける熱意、また小国英雄の脚本も観客を飽きさせない迫力がある（ちなみに、杉江敏男が昭和二十五年に監督デビューした作品『東京の門』で、佐々木が時田という暴力団の役で出演している）。何より三船敏郎の好演が、新しい戦後スターの登場を感じさせている。『第三の男』を凌駕するような映画を作るという意気込みで『密輸船』が製作されたのは間違いないようだ。そうなると『第三の男』と比較されるのは仕方がないだろう。さしずめ佐々木孝丸は『第三の男』の悪漢ハリー・ライムを演じるオーソン・ウェルズ、ということになる。

映画のなかで颯爽と中国服を着て現れる佐々木は、英語や中国語を流暢に話し、貪欲で冷血なボスとして登場するのである。戦時中、日本が麻薬密売大国であったことは近年広く知られるようになった。佐野眞一著『阿片王　満州の夜と霧』では、日本軍が麻薬の製造・密売に手を染めていた実態が克明に記されている。魔都・上海を根城に日本陸軍と共謀してアヘン密売にかかわり、〝阿片王〟と呼ばれた男・里見甫。かつてその里見の周辺に、アヘンが生み出す巨大な利益を目撃し、それを横取りして日本に逃げ帰った佐々木孝丸演じるところの、成田勇という架空の人物がいたとしても不思議はない。それによって映画での佐々木の悪役は深みと凄味が増したことになる。日中戦争において中国大陸で非道の限りをつくし、「俺は知っているんだ。おまえが敗戦のドサクサに上海で自分が助かりたいために多くの日本人を殺し、王大成という中国人になりすまして日本に帰ってきた元憲兵総長の成田勇だということを」（密輸船の船長・三谷を演じる徳大寺伸が佐々木を射殺するときのセリフ）と暴露された悪漢を、佐々木は見事に演じている。

同時にそれは、ハリー・ライムが『第三の男』で粗悪ペニシリンの密売で子供を含め罪のない多くの人々を殺し、ジョゼフ・コットン演じる友人ホリー・マーティンスに向かって「スイスの同胞愛や五百年の平和と民主主義とやらがいったい何をもたらした？　鳩時計じゃないか」とうそぶくオーソン・ウェルズとオーバーラップする。ただしこのセリフは映画のなかだけで、グレアム・グリーンの原作にはない。原作にあるのは、ハリーが観覧車のなかで眼下に見える点のような人々を指してホリーにこう言うセリフだ。「あの点のうちの一つが動かなくなったら哀れに思うか？　点が一つ止まるごとに二万ポンドをお前にやると言ったら受け取るだろう？　それともどれくらい助けられるか数えるのか？　所得税抜きだぜ？」。

『密輸船』での佐々木が、ハリーのような決めゼリフを言うシーンは見当たらないが、彼の心に戦争がもたらした深い闇を推測することはできる。たとえば麻薬密売のボス・王大成が、海上保安庁から密売にかかわっていると嗅ぎつかれた富田仲次郎演じる密輸船の船長・大西に、自分が手にはめていた指輪を渡す。その直後に船長は逮捕され、大西は取調室で麻薬Gメンの三船敏郎が眼を離した隙に、指輪に仕込まれた毒薬を飲んで自殺する。そのことで思い出されるのは、旧日本軍の上官が兵士に、敵に捕まったら自決せよと教育していたことだ。それはすなわち、拷問によって捕虜から情報が漏れることを怖れた軍幹部たちの保身の策なのである。日本という国は戦後もまだ戦争を引き摺っていた。王大成、いや、日本人・成田勇は、そのことを象徴している人物である。この映画が作られた当時、敗戦からまだ九年しか経っていない。戦争の悪の実態を知る人物がまだ社会の闇で生きていて、彼らがどんな末路で果てるかを私たちが想像するに十分説得力がある。

ハリーの愛人のアンナ（アリダ・ヴァリ）はハリーを愛して最後まで信じるが、佐々木演じる麻薬組織のボス・王大成（成田勇）は、海上保安官の恵美（久慈あさみ）に居場所を知らせる愛人の民江（北川町子）をピストルで撃ち殺す。あげくに麻薬も金も独り占めして逃げようとして船長の三谷（徳大寺伸）に勘づかれ、取っ組み合いの末にピストルで射殺される。どうにも救いようのないワルだ。この佐々木の悪漢ぶりには迫力があったが、ハリーがウィーンの下水道で逃げ回ったあげく、友人のホリーにピストルで止めを刺される方がやはりドラマティックかもしれない。

映画の売り文句はこうだ。

「敢然身を挺して国際麻薬団の巣窟に潜入！　一触即発、保安官三船・久慈の大活躍巨篇！」

佐々木らボス一味を逮捕するために、主人公の三船敏郎が「虎穴に入らずんば虎児を得ず」とばかりに敵のアジトに潜入する。あげくに身を犠牲にして、自分の体に麻薬を打って麻薬中毒になるというのは、ちょっと情緒的過ぎる。

監督の杉江敏夫は第二の黒澤明と思われたが、翌年には美空ひばり、江利チエミ、雪村いづみの『ジャンケン娘』を撮り、その路線で活躍するようになる。そういう時代だったのか……。

2　右翼の理論家、政界の黒幕

『叛乱』西田税、『貴族の階段』右翼の理論家、『博奕打ち　総長賭博』政界の黒幕・河島義介、『華麗なる一族』鎌倉の男、『反逆の旅』政財界の黒幕・溝口征義

『叛乱』〈佐分利信監督、昭和二十九年（一九五四年）、新東宝〉

昭和十一年の二・二六事件を扱った映画は、過去に何本か映画化されている。『叛乱』、次項で紹介する『貴族の階段』、『憂国』（三島由紀夫監督・主演、昭和四十一年）、『戦争と人間』（山本薩夫監督、昭和四十六年）、『戒厳令』（吉田喜重監督、昭和四十八年）、『スパイ・ゾルゲ』（篠田正浩監督、平成十五年）な

どである。このうち『叛乱』と『貴族の階段』には佐々木孝丸が出演している。『叛乱』の原作は立野信之で、昭和二十七年に直木賞を受賞したもの。立野は戦前、プロレタリア文学に傾倒して反戦小説でデビューし、全日本無産者芸術聯盟（ナップ）機関紙『戦旗』編集に携わる。昭和五年に治安維持法違反で逮捕され、翌年に転向表明したという経緯があり、佐々木とは旧知の間柄である。映画『叛乱』公開当時のチラシを見ると、「構想一ヵ年、制作費一億、出演延べ人員二万人、主要配役七〇名、人造雪制作費三五〇万、……」とあり、監督の佐分利信はそこで「あくまで事件を忠実に描いていきます。（略）背後の軍の派閥闘争などはあくまでも事実どおりに描いています」とコメントしている。事件を謀議し、決起した青年将校たちへの同情心を感じると同時に、「あくまで忠実に描く」という佐分利の静かな想いが伝わってくる。満洲事変後の不況下、軍備拡張に突き進む陸軍統制派に異を唱え、正義感と昭和天皇への熱い想いで〝革命〟を強行していく皇道派の将校たちは、彼らの想いが純粋であればあるほど、未熟なクーデターとなって敗北する。その後十年足らずの間に、侵略戦争が瓦解していく日本という国の姿を容易に想像させた。

この映画で右翼思想家・西田税《みつぎ》を演じ、これが佐々木孝丸の代表作となった。西田は陸軍士官学校を出て二十一歳で北一輝と親交を結び、大川周明や安岡正篤らと交流する。二・二六事件で中心的役割を果たした将校・磯辺浅一に直接思想的な影響を与えたことから、青年将校らを指導した首謀者として逮捕され、民間人だが軍法会議にかけられたあと、昭和十二年八月、北とともに銃殺刑となった。享年三十五歳。北一輝、五十四歳。佐々木はこの当時五十六歳で、西田よりも北一輝の実年齢に近いが、とても若く見え、西田役として違和感はない。映画では首魁・北一輝を演じた鶴丸睦彦より佐々木孝丸の方がはるかに存在感があるのだ。原作も映画も一応フィクションだが、ある意味では青年将校たちの指導者は北ではなく西田税だったとするに十分な印象を抱かせている。おそらく直接的にはそうだっただろう。西田は青年将校らと北一輝の仲介役であり、顔を合わせて議論を交わし、直接影響を与えた重要人物である。佐々木孝丸の代表作がこの『叛乱』とされる所以だろう。佐分利が青年将校たちに近い西田税の方に強いシンパシーを感じていたとしても不思議はない。

　事件を起こした青年将校たちへの、監督・佐分利信の思い入れを裏づけるような、映画と原作の決定的な違いがある。原作も映画もラストで北と西田は将校たちのあとで処刑されるのだが、立野信之の原作の方は、二人が刑場に向かうため獄から呼び出されたとき、西田の方から北に「われわれも天皇陛下万歳を三唱しましょう」と語りかけ、北は「いや、わたしはやめます！」と言っている。だが映画では逆だ。鶴丸睦彦演じる北の方から佐々木の西田に「西田君、われわれも一つ天皇陛下万歳をやりましょうか」と問いかけている。それを受けて佐々木の西田はきっぱりと「いや、わたしはやりません！」と答え、その毅然とした佐々木孝丸の表情がアップで映し出されている。そして二人は刑場へと向かい、映画は終わる。いずれにしても事実は不明だが、どちらが〝真実〟とするかは表現者の自由である。ただし、より説得力を持つのはどちらか、それが問われる。私はどうも映画の方が納得できる気がする。北の万歳三唱の呼びかけは若い昭和天皇への老獪な皮肉であり、西田の拒絶は若く純粋な無念さの表れのような気がするからだ。

映画では、次々と刑場に牽かれていった青年将校たちが銃殺される直前に「天皇陛下万歳！」と叫ぶ。そもその声を聞いた北と西田が、若い彼らと同じようにそれを口にすることは、まず考えられない。そもそも二人とも今回のクーデター決起には反対であり、自分たちの死刑判決にも、また皇道派・真崎大将の裏切りにも、さらには昭和天皇にも不満だったはずだ。青年将校らの思想的指導者として当局から危険人物視されていた二人は、これを好機とばかりに断罪されたのである。そんな二人が口にするとすれば唾棄すべき彼らへの〝皮肉〟でしかないだろう。このころ、北一輝はもはや革命など本気で考えてはいなかった。『国家改造案原理大綱』を書いてから以降、北は何も書いていない。かつて孫文の辛亥革命に興味を抱いて中国に渡り、社会主義者として出発した北の人生は思想家として大きく変遷している。欧米に学んだ孫文の民衆による左翼革命理論は北の肌には合わず、日本人のナショナリズムではないと判断し、中国から帰国後は日本の国権主義的ナショナリズムに転換したかに見える。それ以後の彼はまるでカリスマ教祖のごとく法華経にのめり込み、三井財閥からの不浄の金も取るといったような不可解な生活を送っている。おそらく戦術的に機が熟すのを待っていたかに思われるが、北の考えていた〝昭和維新〟は、天皇個人を味方につけて「国民の天皇」という旗印で上から強権的にクーデターを軍隊の一部で起こし、資金は財閥から取る、というやり方。そこには天皇の重臣たちや官僚、政治家、そして肝心の民衆は存在しない。甘いといえばあまりに甘い考えだ。そんなクーデターが成功するはずもなく、北自身もそう考えていたはずだ。かつて自費出版した『国家改造案原理大綱』を加筆修正し『日本改造法案大綱』に改題して大正十二年に改造社より刊行するものの持てあますようになる。やがて思想は独り歩きして軍部統制派に不満を持つ青年将校たちや西田税の純粋さを煽り、結局はそれが軍法会議で将校たちの理論的指針の証拠とされ、自らの命取りになるのだ。何を考えているのかわからない、どこか冷めているような北の晦渋な人間性。こうした北一輝観は当時だけではなく、今から考えても、北は純粋な右翼でも左翼でもない、ファシスト的な理論家だ。やはり日本人の多くは青年将校たちのような、行動力のある、純粋で一途な心情に惹かれてしまうのだろう。映画を作った佐分利信もまた、その一人だったようだ。考えてみると映画は最初のシーンから、北に対する西田の言葉が核心を突いていた。

北一輝の家に西田が訪れ、相沢事件（皇道派の相沢三郎陸軍中佐が統制派の永田鉄山軍務局長を殺害した事件）で青年将校たちのクーデター決起を抑えられないと北に告げる。北は西田にこう言う。

「日本で革命を成功させる方法は一つしかないんです。つまり天皇を革命軍の方に奪取する以外にありません。青年将校もおそらくそこまではできまいし、またやっても日本全体に収拾ができなくなります」

そして佐々木演じる西田が北にこう言う。

「すると先生の日本改造法案は、机上の空論ということになりますが」

この映画で監督の佐分利信は、北の机上の空論に振り回されて正義感あふれる血気盛んな将校たちが事を起こし、落命したと言いたかったのだろう。たしかに、ただ思考停止に陥って念仏を唱えているだけのような、鶴丸睦彦演じる北一輝にはカリスマ性を感じるというより、ただ不可解さだけが募った。映画で北と西田が隣り合わせの獄舎に入れられたシーンでも、西田は憮然として武士のような表情で無念さを口にするが、北は法華経を唱えるだけの弱弱しい老人である。むしろ憤然とした佐々木の堂々たる演技に、若い西田税の確固たる時代への敗北感が表れているように見える。そして陸軍はこの翌年に日中戦争を仕掛け、やがて太平洋戦争へと突き進む。

ところで意外なのは、この映画で西田より二十歳ほども上の北一輝を演じた鶴丸睦彦は佐々木より三歳も年下だったことだ。この鶴丸睦彦は、昭和二年に佐々木孝丸、村山知義らが創設した前衛劇場が佐々木の自宅を事務所にして新たな研究生を募った際、応募して選ばれている。翌三年には前衛劇場の後身の左翼劇場でもともに団員であり、鶴丸にとって佐々木はいわば演劇の師匠だったのである。そして九年に左翼劇場解散後、新劇大同団結で村山知義の新協劇団（佐々木は村山とソリが合わず、新築地へ入る）に入団。戦後は新協劇団にいた宇野重吉、滝沢修らが創設した民藝に入り、一風変わった風貌の老人役で数々の娯楽映画にも出演した。私も子供のころ、東映時代劇でなんども見た記憶がある。新劇の舞台俳優である一方で、戦後の娯楽映画で活躍した彼のような俳優がほかにも数多くいたことは感慨深い。

ほかにも、軍法会議で裁判長を千田是也が演じていた。戦後の映画で佐々木孝丸と千田是也がともに出演した映画は何作かあるのだが、多くはない。おそらく二人のキャラが被っていたからではないだろうか。たとえば二人とも泉鏡花の『婦系図』で酒井先生役を演じている。大映では千田是也が、新東宝（『湯島に散る花』）では佐々木だった。

実は私は千田是也が好きではない。この人に俳優として魅力を感じないのである。当然ながら演技もうまいし、貫録がある。だが何かが欠けている。俳優として不可欠なもの、それは〝弱さ〟を隠し持っていることである。だから千田に敗者は演じられない。敗者が演じられない役者は役者として失格である、と私は思う。千田是也は俳優というより、やはり演劇理論家、評論家、劇団経営者なのだろう。

映画のラストシーンで、刑場に向かう西田の最期の表情に、今は革命の時期ではないと諭したのに聞く耳を持たなかった将校たちの未熟さと、その一方で、彼らを「逆賊」と見捨てた昭和天皇への深い失望が見て取れる。それ以上に自らの弱さと、この国の暗澹たる未来をも悟ったのではないか。彼の脳裏に様々な思いが去来したことを感じさせる。監督の佐分利がどのような意図でこうした演出をおこなったか、もはや知ることはできないが、ただ調べてみると、もともとこの映画で西田税の役は佐分利自身が演じるはずだったことがわかった。当初は監督・主演を兼ねることになっていたが、途中で佐分利が体調を崩して西田の役を佐々木が演じることになったのだ。佐分利の（そして脚本・菊島隆三の）、西田税に対する深い共感（あるいは北一輝に対する疑念）があったことは間違いない。

『貴族の階段』〈吉村公三郎監督、昭和三十四年（一九五九年）、大映〉

『貴族の階段』で佐々木は右翼の理論家として登場する。興味深いのは、右翼と言っても『叛乱』の西田税とは立場がまったく異なる右翼なのだ。北一輝や西田税は陸軍皇道派に近い人物であり、片や『貴族の階段』原作者の武田泰淳が登場させた〝右翼理論家のO博士〟なる人物は、統制派に近い右翼と思える。軍人・官僚・政治家・財閥・皇族の間を往来し、民族主義社会主義の皇道派をつぶして戦前戦後を生き延びた、今日では俗に言う〝親米経済右翼〟だろう。『叛乱』での、若きナショナリスト然とした西田税にはない、貫禄たっぷりで老獪でふてぶてしい右翼。そんな右翼を佐々木孝丸が演じるとどこかカリスマ性を感じてしまうから不思議だ。どちらかと言えば、私はこのふてぶてしい右翼の方が怪優・佐々木孝丸にぴったりだという気がする。佐々木孝丸は同じ事件を扱った二つの映画で、まったく異質な右翼を演じたことになる。偶然にしても面白い。

それにしても思うのは、この〝O博士〟のモデルはいったい、誰なのだろう。フィクションとはいえ立野信之は『叛乱』で二・二六事件を真正面から捉えている。事件を起こした主人公たちにスポットライトをあて、登場人物をすべて実名で登場させているのだ。一方、この武田泰淳の『貴族の階段』はそうではない。この小説の主人公は森雅之演じる西の丸秀彦という人物で、事件のあとに首相の座につく公家出身の政治家である。といえばすぐにピンとくる名前が、公家の近衛家三十代当主の近衛文麿。西園寺公望の名前も頭に浮かぶが、やっぱり近衛だろう。武田泰淳が、進歩的でクールで親米派で国民に人気があって女たらしの貴族・西の丸秀彦を、近衛文麿をモデルにしたかどうかは不明だが、なんとなくそんな気がしないでもない。武田は東京帝国大学在学中に左翼運動がもとで大学を中退したあと、日中戦争に派兵されたという経験があり、日本という国の実態・戦争の実態を深く洞察してきた作家だ。では右翼の理論家・O博士のモデルは誰か。一人の人物を挙げられるようなモデルがいたかどうかは別として、歴史を紐解けば、戦前・戦後を通じてそういうフィクサーがいたとしても不思議はない。

原作も映画も、ラストシーンにこんな会話がある。内閣総理大臣になった西の丸秀彦の娘・氷見子（金田一敦子）が、政治を陰で操るO博士にこう尋ねる。「青年将校たちはどのようになったのでしょう」。博士「首魁十七名の死刑に近く決定します。死ぬものは死ぬ。生きるものは生きるのです」。氷見子「父は、大政治家でしょうか」。博士「それは、われわれがこれからそうするのです」。氷見子「もし、なれなかったら？」。博士「（不気味な微笑）そのときは、お父上を捨てるだけです」。

脚本は新藤兼人だが、原作ではそのやり取りのあと、武田泰淳はこう書いている。

「O博士はそう言って、お附きの書生さんの方をふりかえり、無遠慮に笑った。その笑いは、陰気な、黒い黒い笑いだった」

このような表情ができる俳優はそうザラにはいない。「笑い」ではなく、「嗤い」。低い声で、腹で嗤う。佐々木孝丸が怪優ぶりを発揮するのはこういう悪漢、黒幕・フィクサーだ。不思議な俳優である。

そのほか西の丸秀彦に森雅之、その夫人・多美子に細川ちか子で、ともに適役だった。

この『貴族の階段』は大映で製作されたカラー映画で、私は生家の近所の映画館で小学生のときに見ており、子供心にもその映像が美しかったのを覚えている。カラーフィルムはアグファ・カラーで、小津安二郎が好んで用いたものだ。

ところで私が二・二六事件で疑問を持つのは、昭和天皇はこの事件をどう考えたのかということ。なぜ将校たちを逆賊として見捨てたのか。北一輝の辞世の句がヒントになるかどうかわからないが、北は「若殿に　兜とられて　負け戦」と詠んで刑場に消えた。青年将校が天皇に対し熱い想いを抱いていようと、大義の前に一人の命など切り捨てる組織的人間はすべてニヒリストである。

　私は皇道派が正しいなんて思っていないが、もしも、彼らのクーデターが成功したらどうだっただろう。いやむしろ、西田が彼らの行動を止めて、この事件が起きなかったらどうだったのだろう。その後の日本は違ったものになっていただろうか。もしかしたら軍部は天皇制ファシズムの一枚岩になることなく、統制派が暴走して日中戦争――ひいては太平洋戦争――へと突き進むことにはならなかったのではないか。いや、それは希望的観測過ぎるだろうか。今に生きる人間として、日本がどういうプロセスを経て民主化されるのが最善だったのかを、この事件にこそ問うてみたい気がする。歴史に「もしも」が許されるなら、大いなる問いかけだと思うのだが……。やはり国民として、軍隊とはいったい何かを考える意味は大きい。天皇もまたこのことを考え、悩み、逡巡し、苦しんだのだろうか。

　ところで余談だが、この映画で佐々木は主演の森雅之と共演している。といっても絡みのシーンはないのだが、この作品に出演が決まったとき、どんな思いが佐々木の胸に去来したのだろう。森は作家・有島武郎の長男で本名・有島行光。五歳で母を亡くし、十二歳で父を亡くした。その森が昭和四年に十八歳で劇団築地小劇場に入団して俳優の道を志したとき、有島武郎の長男が俳優の卵になったということで演劇人の間でちょっとした話題になった。その前年の小山内薫の急死に伴い、築地小劇場が分裂して劇団築地小劇場と新築地劇団に分裂して、佐々木は新築地に入ったから森とは直接接点がなかったと思われるが、当時父親の面影を色濃く残しているという森の存在を、佐々木が知らなかったとは思えない。

短い出会いだったが佐々木にとって有島武郎は、自分を演劇の世界へと背中を押してくれた恩人といってもいい存在だった。

『博奕打ち　総長賭博』〈山下耕作監督、昭和四十三年（一九六八年）、東映〉

主演は鶴田浩二。あの三島由紀夫が絶賛した任俠映画の傑作ということらしいので、それを私がここでくどくどと述べることは控えたい。要は佐々木孝丸である。映画の冒頭で早くも佐々木が登場。ときは昭和九年ごろ、やくざの親分衆が集まる一座に、佐々木が扮する〝先生〟と呼ばれる男、どうやら政界の黒幕らしいその河島義介がこう言う。

「もう関東だの関西だのという縄張り根性は時代後れだ。日本と大陸でもっと大きな商売はいくらでもできる。銃器、弾薬、紡績、それに麻薬もある。商売と言っては露骨すぎるが、これは大陸進出という国家的使命の一翼を担うものでもある。むこうには川島機関の地盤がある。問題はそれに命を張ってくれる人材組織だ。荒川君、きみの天龍一家をわしに預けてみんか」

そう言われても答えを渋る荒川親分（香川良介）に、弟分の仙波（金子信雄）がこう言ってそそのかす。

「そのためにも先生は、わしらが大同団結して愛国団体を結成してはどうかとおっしゃる」

もはやこの会話で映画の本筋が読める。やくざなど、どうせ権力の手先に過ぎず、やくざ同士が利用し利用され、殺し合って組織の内紛を繰り返すという〝やくざ否定映画〟なのだ。いいねえ。

荒川親分が病死して跡目に押された中井（鶴田）は辞退し、兄弟分で服役中の松田（若山）に譲るが、仙波はそれを承知せず弟分の石戸（名和）に継がせる。松田が仮出所してそれに激怒するが、すべては仙波が天龍一家を乗っ取るための筋書きだった。修善寺で開かれる天龍一家跡目襲名披露の花会がこの映画のハイライト。花会というのはやくざの親分衆が全国から集まる博奕大会で、そこに大金が集まる。河島と仙波の狙いはその金だ。石戸は中井から仙波の陰謀を知らされ、やっと事態を理解した。石戸に仙波がこう言い含める。

「近いうちに先生の肝いりで大日本同志会を結成して、国防の第一線に立とうという計画がある」

同席していた佐々木の〝先生〟は石戸にこう諭す。

「すでに大陸から大量の麻薬を買い付けてある。頭を切り替えてみてはどうかね」

花会の金をその資金にするとわかった石戸は、きっぱりと断って出て行く。そんな石戸に〝先生〟はこうつぶやく。

「なんとか手を打たにゃあならんなあ。まだ若い。大陸ではああいう男が一番先に早死にする」

〝先生〟のその言葉どおり、石戸は刺客に暗殺される。その嫌疑を松田に押し付け、仙波は中井に松田を斬れと命じる。中井は妹（藤純子）の夫でもある松田を断腸の思いで斬り、そして仙波も斬りつける。仙波は中井に殺される前に「わしにドスを向ける気か、てめえに任俠道はないのか」とほざくが、中井はこう捨て台詞を吐く。

「任俠道？　そんなもん俺にはねえ、俺はただのケチな人殺しだ」

クールな鶴田浩二、いいねえ。だが中井が斬るのはここまで。河島義介や、その先の軍特務機関までには及ばないのだ。中井の妻の桜町弘子や藤純子の健気さは無知と紙一重だし、松田と松田の弟分の音吉（三上真一郎）はあまりにおっちょこちょいだし、マンガみたいな顔の金子信雄にもイライラさせられたが、それもこれもみんな国家的陰謀のフィクサー・佐々木孝丸の存在でチャラにしていいと思うほど、よくできた筋書きだ。

この映画が評価されたのは、昭和三十八年ごろから東映が量産した義理人情の任侠やくざ映画に観客が飽き飽きしてきたこと、しかも公開当時が全共闘運動真っ盛りだったことが大いに関係している。学生運動も所詮、鶴田浩二や若山富三郎や名和宏が扮するやくざと同じ「ただのケチな人殺し」で、映画を見ながら胸に思い当たる節があったのだろう。

ちなみに佐々木はこの作品の五年前にも同じような役をやっている。同じく東映で製作された『続・人生劇場　飛車角』（沢島忠監督、昭和三十八年）だ。佐々木は依田の親分で、日本軍の満洲進出に伴う飛行場の建設現場に、満人労働者を動員してその監督に日本の暴力団を使うという国策話をやくざ組織に持ち込む。依田親分はただのやくざではなく日本軍特務機関の手先で、『博奕打ち　総長賭博』では金子信雄が演じた役だ。それに反対するのが飛車角（鶴田浩二）と小金井一家の寺兼（村田英雄）。どのみち二人は斬り殺されるのだが、この映画は尾崎士郎の原作で吉良常（月形龍之介）や青成瓢吉（梅宮辰夫）が登場するなど義理人情の人間臭さがあり、やくざを美化した映画だった。

考えてみれば、やくざ組織の人材と金を戦争に利用しようという考えは、その当時としては別に不思議でもないだろう。庶民の目で見れば軍閥も暴力団も勝つか負けるかの博奕打ちで、同じ穴のムジナだ。

こうして東映は〝柳の下のドジョウ〟的な映画を量産して戦後の時代劇の黄金時代から凋落し、一時は大当たりの任俠やくざ映画で盛り返すが、それにも飽きられて『仁義なき戦い』の実録路線や「極道シリーズ」「大奥シリーズ」、そしてピンク映画にも手を出し、当時の東映社長・岡田茂ややくざ映画の名プロデューサーで藤純子の父・俊藤浩滋といった、映画を娯楽であると同時に文化や芸術であると捉えることのできない二流の映画人によって、最後は観客に見放されて映画業界から転落していった。

『華麗なる一族』〈山本薩夫監督、昭和四十九年（一九七四年）、東宝〉

日本が高度経済成長を成し遂げた戦後になっても、フィクサーは生き続けた。山崎豊子原作『華麗なる一族』は、かつて繰り返した銀行の合併にからむ政財界の腥《なまぐさ》いスキャンダルを描いている。映画は山本薩夫が監督。佐々木孝丸は〝鎌倉の男〟という役で、またしてもフィクサーとして出演した。山崎豊子は原作でその人物をこう描写している。

「年の頃、六十二、三歳にもかかわらず頭髪を染めているのか、髪はあくまで黒いオールバックで、虫も殺さぬ紳士然たる風貌でいながら、幕夜ひそかに大企業経営者や実力政治家を思いのままに鎌倉の自宅へ呼びつけ、日本の政財界のダークサイドは、彼を中心として動いているといわれるほどの黒幕的人物であった」

そんな人間が日本のどこにいて何をしているのか、国民のほとんどがその人物に会ったこともなければ詳細など何一つ知らないが、仮に政治・経済・言論を裏であやつる人物がいたとしても不思議ではないし、戦後の歴史のなかで政治スキャンダルが起こるたびに、そんな人物の存在がマスコミに浮上したことを思い出し、著者がいったい誰をモデルにしているのだろうかと、読者は思いを巡らす。乏しい知識から察すると、ロッキード事件で表舞台に引き出されたKなど、やっと数人の名前が浮かび上がる。いや、あれはYという官僚右翼か、昭和電工事件の黒幕のMか、Sという競艇のドンか……。今となってはみんな鬼籍の人物だが、興味は尽きない。

映画では与党の幹事長（河津清三郎）が〝鎌倉の男〟に電話すると、場面は鎌倉とおぼしき佇まいの屋敷に切り替わる。和服姿の女中が電話機を手に廊下を渡って離れに行くと、佐々木孝丸演じるその老人の後ろ姿が映し出される。女中が「田淵様からお電話です」と告げ、老人が受話器を取る。「ああ、私だ。うん、うん、永田と阪神銀行の線か。そっちの火は私が消しておく」そう言って切ると、女中に「総理を呼び出してくれ」と命じる。そのとき、佐々木のアップが数秒、映し出される。佐々木の出番はこれだけだが、この男はただの老人ではなく、官邸とホットラインでつながる人物ということを観客は察する。三時間にも及ぶ映画のなかで、なかなか興味深いシーンだ。やはり佐々木孝丸のセリフの迫力、面構えの存在感は並大抵ではない。

3 満洲浪人、馬賊

『人間の条件　第一部』満洲浪人、『夕日と拳銃』樺島風外

『人間の条件　第一部』〈小林正樹監督、昭和三十四年（一九五九年）、松竹〉

昭和十八年、南満洲鉄道調査部に勤務する主人公の梶（仲代達矢）は部長（中村伸郎）に呼び出されて、召集免除と引き換えに、満鉄本社のある新京（現在の長春市）から百キロ離れた老虎嶺鉱山に労務管理の職務を命じられる。現地の工人（中国人、朝鮮人）を日本人と対等な人間として扱うという、「いささか左翼的な匂い」の報告書を書いた梶には過酷な仕事である。戦地に赴くのと、さほど変わり映えはしないだろう。部長の部屋に扁額が掛けられていて、大きく〝五族協和〟と書かれていたのがなんとも皮肉だ。五族協和とは日本軍が満洲建国時に掲げたプロパガンダで、五族とは日本人、朝鮮人、漢人、満人、蒙古人のこと。

その夜、梶は召集された友人の影山（佐田啓二）との別れに新京の酒場へ行く。影山は梶に恋人の美千子と早く結婚しろと言うが、梶は悩む。そんな会話の最中に、突然「キャー！」という女の叫び声が

聞こえ、カウンターからチャイナドレスの若い酌婦が二人のところに逃げて来た。同時に男の笑い声が聞こえ、その声の主が中国服を着た佐々木で、女の体にでも触ったのだろう。影山は逃げ込んだ酌婦を抱き、男に「頂戴します」と言う。貫録たっぷりの男はカウンターから二人にこう言う。

「ハハハ……、オイの横っ面ばひっぱ叩くちい、関東軍司令官でもでけんこったい、ハハハハ、よかよか」

九州訛りのこの男が、いわゆる満洲浪人。日清・日露の時代から満洲事変、日中戦争、太平洋戦争までに満洲浪人、大陸浪人、馬賊と呼ばれる日本人が実在した。明治の自由民権運動に挫折して以後、国家主義・アジア主義を標榜して朝鮮半島や中国大陸に渡って放浪した人物。彼らの一部は日本政府や軍部・財界から資金援助を受け政治活動、スパイ工作に協力したとされる。大陸浪人の名前を挙げれば岸田吟香、長谷川辰之助（二葉亭四迷）、川島浪速、宮崎滔天、山中峯太郎、伊達順之助、里見甫、児玉誉士夫らといわれている。

なかでも伊達順之助は壇一雄原作の小説『夕日と拳銃』の主人公のモデルとなり、昭和三十一年に東映で映画化された。主役の伊達鱗之介に東千代之介、佐々木孝丸はここでも満洲浪人の役で出演している。『人間の條件』での満洲浪人役は二度目だったわけだ。『人間の條件』では具体的な名前は出てこないが、『夕日と拳銃』では樺島風外という名前である。それを聞いて思い出すのは川島浪速。〝女スパイ〟〝男装の麗人〟川島芳子の養父。この人も日清戦争で活躍し、清朝ともつながりを持った支那通の元軍人で、満洲建国に貢献したとされる。名前が何となく似ているだけだが……。時代を考慮すれば川島浪速よりももっとあとの、里見甫や児玉誉士夫あたりの人物ということになるのだろう。壇一雄はいったい誰をモデルとしていたのだろうか。この大陸浪人の人物像というのは、壇一雄でなくても歴史好きなら誰しも想像力を掻き立てられるだろう。

ところでこの映画では珍しく佐々木孝丸が笑う。佐々木扮する満洲浪人は女にちょっかいを出すが逃げられて、笑ってごまかしているのだ。それにしても腹から出す声といい、豪快な笑いである。そもそも佐々木孝丸が笑うシーンは珍しい。普通、悪人や大物の人間はあまり笑わないものだ。してやったりというような権力者の呵呵大笑、豪快な佐々木の笑い声を、もっとほかの役でも聞いてみたい。

4　科学者、大学教授

『赤道祭』大川博士、『悪魔が来たりて笛を吹く』目賀博士、『月光仮面』赤星博士（どくろ仮面）、『婦系図　湯島に散る花』酒井先生、『智恵子抄』高村光雲、『電送人間』仁木博士、『首』福畑・東大教授

『月光仮面（第一部・第二部）』〈小林恒夫監督、昭和三十三年（一九五八年）、東映〉

私が最初に記憶している俳優・佐々木孝丸の原点がこの作品。大村文武扮する子供たちのヒーロー・月光仮面（探偵・祝十郎）の敵、どくろ仮面（赤星博士）が佐々木だった。昭和三十三年当時、小学三年生だった私は近所の世界館という映画館で見た記憶がある。テレビでも、子供だけでなく大人も一緒になってこの「月光仮面」を見た。主題歌が流れてくるとワクワクして、子供たちはみんな歌っていた。昭和三十一年に経済白書が「もはや『戦後』ではない」と書き、昭和三十三年、東京タワーが完成。私にはそんな時代を象徴するような輝かしい映画である。

『首』（昭和43年）
左から小林桂樹、佐々木孝丸

映画の冒頭、ナレーションでこう語られる。

「人類の滅亡と繁栄、そのカギを握る世紀の爆弾、ＨＯジョー発爆弾。ひとたび爆発するやいなや、地上の空気は一瞬にして真空状態を呈し、動物も植物もあらゆる生物はまたたくまに窒息してしまう。その恐るべき爆弾の実験が、今ここに発明者・中山博士の悲願を込めて極秘裏におこなわれようとしている」

〝ＨＯジョー発爆弾〟というのがなんなのかわからないが、ちょうどこの時代、第二次世界大戦後から世界と日本の双方で二つの流れが進行していた。一つは米ソの冷戦で核兵器開発競争が始まったこ

『月光仮面』（昭和33年）

とそれに伴い反核運動が興ってきたこと。昭和二十九年三月に日本の漁船・第五福竜丸が、ビキニ環礁での米軍の水爆実験で被爆したことで反核運動が起こる。同年十一月、その事件をヒントに製作された映画『ゴジラ』（本多猪四郎監督、円谷英二・特撮、東宝）が公開された。度重なる水爆実験で安住の地を追われた古代生物の末裔ゴジラが東京を襲うという名作だ。昭和三十年八月には広島で第一回原水爆禁止世界大会が開かれている。もう一つの流れは、ちょうどときを同じくして昭和二十九年に国会で原子力研究開発予算が提出され、昭和三十年に原子力基本法が成立したこと。翌三十一年に原子力委員会が設置され、東海村に日本原子力研究所が設置。そして昭和三十八年に東海村の実験炉で日本初の原子力発電の火が点された。つまり原爆と原発という二つの流れだ。原爆は人類の滅亡を招くが、原発は平和利用として人類の繁栄をもたらすとされて日本列島に次々と建設されていった歴史を思い出す。この映画では人類の「滅亡か繁栄か」というナレーションの問いで始まるから、時代背景から「繁栄」を選択したものと考えられる。

映画『月光仮面』は、宇佐美淳也演じる中山博士、永田靖演じる宇宙科学研究所の重鎮・田坂隆吉、そして佐々木扮する赤星博士が見守るなか、中山博士が開発した世紀の特殊爆弾〝ＨＯジョー発爆弾〟

の実験から始まる。その最中、爆弾の設計機密が入ったカバンを国際スパイ団（どくろ仮面）の一味に奪われるが、一味が逃げたジープもろとも実験の爆発で吹っ飛ぶ。中山博士は初っ端から犠牲者が出て落胆するが、ナレーションはこう語る。

「世紀の実験は遂に成功した。この爆弾は殺人兵器として終わるのだろうか、または平和産業の新しいエネルギー源として活用されるのだろうか……」

平和産業の新しいエネルギー源、などと言うところから察すると、原作者である川内広範は原発推進派だったということになるのだろうか。いずれにせよ、当時小学三年生だった私は（もちろん当時の大人たちも？）そこまでは気がつかなかった。

爆弾機密が失われたことで、田坂の要請を受けて登場するのが私立探偵・祝十郎こと、月光仮面だ。月光仮面対国際スパイ団のバトルが始まる。こうしてすったもんだの第一部はそのまま第二部『絶海の死斗』へと引き継がれ、そこで興味深い話になる。どくろ仮面が田坂を脅迫するシーンだ。そもそも田坂という人物だが、中山や赤星は科学者で博士と呼ばれているが、田坂は「田坂さん」なのだ。映画では具体的ではないが、田坂は宇宙科学研究所の所長のような立場だ。戦後、科学技術庁が設置されたのは昭和三十一年（平成十二年まで）。実際の科学技術行政は通産省などがおこなっていて、科学技術庁は原子力開発、および宇宙開発に携わった。映画に出てくる宇宙科学研究所は科学技術庁に属する機関だと思われ、だとすると田坂は政府機関の役人、官僚ということになる。どくろ仮面（赤星）と田坂は旧知の間らしく、どくろ仮面は田坂が戦時中、日本と敵国の二重スパイだったことを知っていると脅迫するのである。
「俺は戦時中の貴様の行為をことごとく知っているんだ。日本では二重スパイをやることがやましいことではないのか？　貴様は当時、科学研究所要員という肩書を利用して、軍の機密を対戦国の我々に売り渡した。そればかりか、貴様は次々と我々が流した偽の情報をもっともらしく祖国の政府に売り込んだ」

これはなかなか興味深いセリフだ。田坂は日本軍の科学研究所にいて、戦後もそのまま要職に就いていたのだ。実際、戦時中に陸軍科学研究所があり、たとえばその下の一つに登戸研究所というのがあった。そこで研究されたのが原子爆弾、生物兵器、化学兵器、風船爆弾などだった。田坂が登戸研究所にいたかどうかはわからないが、田坂は軍の機密を敵国（どくろ仮面の本国。具体的な国名は不明）に売り渡し、結局（カネのため？）、日本と敵国の二重スパイになったというのだ。

敗戦から十三年経っても日本はまだまだ戦争の影が消えていなかったようだ。たしかに日本軍は戦時中、ウラン鉱山の開発や原爆開発に手を出していたが敗戦で中止になっている。戦後は非核三原則を守り（あくまで原則）、一方で日本はアメリカの核の傘の下にいる。映画ではラストに、「ジョー発爆弾の機密は人類のために必要になるときまで、月光仮面が預かっておく」というセリフがあるのだが、必要になるときとは、日本中のエネルギー源が原発になるという意味だけなのだろうか。

子供のころにはまったくわからなかったことが、今にしてもう一度見ると感慨深いものが多々ある。佐々木は当時六十歳だったことになるが、不敵な笑いが月光仮面の笑いよりも迫力があることや、悪役を見事にこなしているところを見ると年齢以上に体力があったと思われる。ほかにも、月光仮面やどくろ仮面の一味がホンダのオートバイや外車に乗って走り回るたびに、昭和三十年代の東京の街やその近郊が映し出されるのだが、それが今のどのあたりなのだろうと目を凝らしてみるのも面白い。

ところで永田靖といった戦前からの俳優は、ほかにも原泉がどくろ仮面の一味の〝バテレンお由〟役で出演している。永田と原は二人とも佐々木とは旧知の間柄だ。永田は昭和五年に新築地劇団に入っている。佐々木はそのとき左翼劇場に所属していたが、昭和九年に新築地劇団に入った。原泉は(戦前は原泉子)昭和三年に左翼劇場に入り、その当時から佐々木とは縁が深く、いわば同志と言ってもいい。昭和三年、佐々木が特高に逮捕拘留されて六月に市谷刑務所を出所したとき、左翼劇場やナップの仲間が佐々木を出迎えた。佐々木はそのなかに原がいたことを覚えている。仲間の出迎えがよほど嬉しかったらしく、その仲間とともに市ヶ谷から淀橋まで、佐々木を先頭にデモ行進をしたと自伝に書き、「ただテレ臭い思いで一杯であった」と述懐している。

永田や原のほかにも昭和三十年代、映画やテレビで活躍したズーズー弁の若水ヤエ子とか、三枚目の柳谷寛が懐かしい。

月よりの使者で正義の味方の月光仮面は、テレビ、映画ともに日本中で大ヒットとなり、佐々木孝丸はこの第一部・第二部のほかに、第五部に当たる『月光仮面　幽霊党の逆襲』(島津昇一監督、昭和三十四年、東映)にも出演している。ただしここでは大岡鉄蔵という鉱山開発者、いわゆる山師の役である。悪役の幽霊党の首領には岡譲司が扮し、佐々木に劣らず迫力があり好演している。この物語も原爆に関係し、戦争の影が見られる。映画はウラン鉱脈を掘り当てる地質学研究所の学者・鈴木博士が日本でウラン鉱脈を発見し、殺されるというところから始まる。第五部の月光仮面の敵は、そのウランを横取りして海外に持ち出そうとする国家的犯罪者の幽霊党である。今で言えば国際テロリストということになる。原作者の川内康範が国家間戦争の二十世紀から、今日のＩＳなどテロとの戦争を予想していたわけではないと思うのだが、月光仮面の敵は皆、第二次世界大戦が生んだテロリストで、いわば戦争の申し子ということになる。

大岡（佐々木孝丸）は昭和十五年に満洲へ渡り、戦後引き揚げてきた山師だ。満洲に竹林賢法という男がいたが、満洲で最期を遂げたとされるその竹林が、実は心霊学者・鷹の羽道寛となって生きていて、幽霊党の首領なのだ。道寛はウラン鉱山探索を鈴木博士に依頼した大岡がその場所を知っていると睨み、大岡を脅迫する。道寛と大岡の二人はかつて満洲時代に仲間だったたと思われる。大岡の娘・はる子を誘拐して大岡からウラン鉱山の場所を白状させる。実際にも戦時中の旧日本軍が理化学研究所や京都帝国大学に原爆の開発を命じ、国内でウラン鉱山を探索したが見つからず、朝鮮や満洲、モンゴルなどでウラン鉱脈を探索したが必要なウランは得られなかったようだ。戦後、岡山県の人形峠でウランが発見されたが、そういう話からも映画はリアリティがあって面白い。子供向けの冒険活劇なんて荒唐無稽な作り話と思っていたが、それらしき事実があって、原作者はそこからヒントを得て書いたのだということが今になってわかる。

それはそうと、大岡の娘・はる子役の若き山東昭子（現・参議院議員）や、繁少年役の風間杜夫が出ていて懐かしい。

5　軍人

『戦艦大和』艦長・有賀幸作、『太平洋の鷲』連合艦隊参謀長、『山下奉文』宮内大本営作戦参謀長、『上海の女』来島大佐、『黎明八月十五日』東部軍司令官

『戦艦大和』〈阿部豊監督、昭和二十八年（一九五三年）、新東宝〉

映画の原作は吉田満著『戦艦大和ノ最期』。吉田は東京帝大在学中に学徒動員で海軍予備学生になり、昭和十九年、少尉に任官されて大和の乗組員となる。生還後、ほとんど一日で一気にこれを書き上げた。昭和二十一年十二月に雑誌に掲載される予定だったが、ＧＨＱの検閲で全文削除となり、日本が主権を回復した昭和二十七年八月に出版された。『戦艦大和ノ最期』はノンフィクションとして発表されて戦後の大ベストセラーとなるが、発表当初から内容に疑問があるとの数々の指摘があり、描写や逸話の一部に信憑性が薄いという意見があった。史実との違いもほかの生還者などから異論が出されたが、今日、

内容の一部が事実と異なるので、戦艦大和の沈没という事実をもとに作者の創作が加えられた小説、としても捉えられている。こうした経緯から、ここでは原作が真実かどうかについては関知せず、吉田満の原作をもとに製作された映画を主として述べる。

映画は昭和二十八年に公開された。原作と比べると、登場人物のエピソードやセリフ、数字など、映画の内容が原作とまったく同じというわけではないが、私にはそれらはさほど重要な点ではないと思われ、原作者の本質的な反戦の意図は映画にほぼ忠実に描かれているという印象を持った。

冒頭のナレーション（字幕はない）はこうだ。

「九州徳之島の西方二十浬　水深四百三十米　昭和二十年四月七日午後二時二十分、戦艦大和ここに轟沈す」

昭和二十年三月、海軍は連合艦隊のなかで残っている大和を危機に瀕している沖縄決戦に向けて、天一号作戦〝水上特攻〟として後方支援もなく片道の燃料だけで出撃させることにし、映画では三月下旬（原作では二十九日。二十八日という資料もある）、その決定を受けて大和は呉港を出港した。映画では冒頭、海軍参謀会議で大和の出撃に賛否両論が出されるのだが、参謀長（三津田健）が次のように決定を言い渡す。

「――片道分の燃料で出撃させるのは情においてまことに忍びえないことではあるが、今後の作戦は海陸空を問わず、すべてこれ特攻作戦であり、たとえ成功の算は少ないとしても、潔く立ち向かって光輝ある帝国海軍の歴史の一ページを飾るべきではあるまいか」

この言葉が事実かどうかは不明だが、もし事実とすれば、これが参謀の言うことかとあきれてしまう。普通の勝負師よりタチが悪い。片道の燃料で飛び立ち、帰ってこなかった若い特攻隊兵士の運命を思い出す。帝国海軍軍人がこんな情緒的な、あまりに残酷なことを口にしたのかと思うと、日本が戦争に負けたのはしごく当然だった気がする。この映画はその一言で、冒頭から観客に大和の出撃がいかに理不尽だったかを思い知らせている。大和を〝悲劇の戦艦〟とはよく言ったものだ。だいたい戦艦というものはどれも悲劇の産物なのだが……。

戦時中、ミッドウェー海戦での無残な敗退後三年もの間、停泊したまま闘わない大和を〝大和ホテル〟と人々は揶揄したと、巷間で伝えられている。出撃命令には複雑な心境だったと察するが、映画では司令長官・伊藤整一（高田稔）は「我々は死に場所を与えられた」と語った。やっとこのときがきたのだ。軍人は「死ぬことが職業」で、サムライと同じ運命らしい。かっこいいと言えばいいのか、それとも今となってはクダラナイのか……。私はこの映画は戦争を賛美しているかもしれないという先入観があったのだが、よく考えてみると反戦映画なのか……、ちょっと微妙な気がしてきた。なべて戦争映画というのは死に直面する人間の本質を描くことである。一人ひとりの人間を描けば、誰しもかけがえのない生の輝きがあり、死ななければならなかった彼らに対する哀れみや同情が、共感や美化へとすりかえられかねない。作品がどこかで戦争の賛美につながるという落とし穴があるのだ。だから作り手は、戦争をなんとしても否定する強い意志とそのメッセージが必要なのだ。想像力と表現力、この二つで。

映画の主役は藤田進扮する大和副長・能村次郎。能村は奇跡的に生還し、この映画製作の指導に当たった。舟橋元扮する吉村少尉は原作者の吉田満がモデルで、狂言回しの役割を担っている。佐々木孝丸は大和艦長・有賀幸作に扮している。当時五十五歳。暴力団のボスや政治家、弁護士、学者、時代劇の悪役などを得意とした佐々木は、声といい姿勢といい、軍人も難なくこなしている。なんといっても海軍の制服がよく似合っている。

映画の前半で乗組員の人間性を描いているが、後半は米軍機から激しい爆撃を受ける戦闘シーンが続き、迫力がある。大和が魚雷を受けしだいに傾いて最期を遂げるとき、伊藤長官は長官室に籠って自害し、有賀幸作艦長は羅針儀に体を縛るように副長に命じる。私もお供します、と言う部下に「何を言うか、若い者は飛び込んで泳げ」と命令し、長官ともども、轟沈する大和と運命をともにした。有賀幸作、享年四十七歳。吉田満の原作にはこう書かれている。

「艦長有賀幸作大佐御最期　艦橋最上部ノ防空指揮所ニアリテ、鉄兜、防弾『チョッキ』ソノママ、身三箇所ヲ羅針儀ニ固縛ス（略）赭顔ノ艦長ヘノ心服ノアマリ、ソノ身辺ヨリ離ルル能ワズ　総員死ヲ共ニスル気配明ラカナルヲ見テ、一人一人ノ肩ヲ叩キ、『シッカリヤレ』ト激励シツツ水中ニ突キ落トス」

映画でも出てくるが、吉田満の原作で最も心に残る言葉は臼淵《うすぶち》磐《いわお》大尉の次の言葉である。

「進歩ノナイ者ハ決シテ勝タナイ　負ケテ目ザメルコトガ最上ノ道ダ　日本ハ進歩トイウコトヲ軽ンジ過ギタ　私的ナ潔癖ヤ徳義ニコダワッテ、本当ノ進歩ヲ忘レテイタ　敗レテ目覚メル、ソレ以外ニドウシテ日本ガ救ワレルカ　今目覚メズシテイツ救ワレルカ　俺タチハソノ先導ニナルノダ　日本ノ新生

ニサキガケテ散ル　マサニ本望ジャナイカ」

映画では伊沢一郎扮する臼淵磐がこう言う。

「進歩のない者は決して勝てん。負けて目覚める、それ以外にどうして日本が救われるか。今目覚めずしていつ救われるか。俺たちはその先導になるのだ。目覚め、蘇る新日本のために、俺たちは死ぬのだ」

臼淵はこのとき、なんと二十一歳だった。文学を志す文学青年だったという。

負けて目覚める、これには戦後生まれの私も思わず胸が熱くなった。日本は七十年前に負けて、そのあとに目覚めたのだろうか。死者は新生日本のために先駆けて散った。黄泉の国の彼らは今の日本を見て、本望だと言ってくれるだろうか。そう思えるようになるまでに、あと何年かかるだろうか。新生日本の姿とは、いったいどんなものだろうか。七十年前の戦争指導者と現代の指導者とを比べて、まるで妖怪のように似たような二つの影を見てしまうのは錯覚だろうか。七十年前のことを、今なら愚かと見抜くことができる。当時から戦艦なんて馬鹿でかい動く砲台に過ぎないと言われていたのに、なぜ止められなかったのだろう。巷間噂されていた「世界の三大無用の長物」とは、万里の長城、ピラミッド、そして戦艦大和だった。明治時代の日本海海戦ならいざ知らず、太平洋戦争になって戦艦が本当に戦闘に役立つと考えて造ったのか、今でも不可解だ。万里の長城もピラミッドも今や世界遺産だが、大日本帝国海軍が誇った史上最大の〝不沈戦艦〟、巨費を投じて建造された大和の巨体は米軍機動部隊の猛攻撃を受けて沈没し、海底で眠ったままだ。三千三百名余りの乗組員のうち、生存者は二百六十九名

（二百七十九名ともいわれている）だったとされている。

映画ではラストに海が映し出され、

「徳之島西方二十浬の洋上　こゝに〝戦艦大和〟轟沈　巨体四列す　水深四百三十米　今なお埋没する三千余の骸」

との字幕が出る。

だが吉田満の原作では、

「徳之島ノ北西二百浬ノ洋上、『大和』轟沈シテ巨体四列ス　水深四百三十米　今ナオ埋没スル三千ノ骸

彼ラ終焉ノ胸中果シテ如何」

となっていて映画と微妙に違うが、理由はわからない。

そしてナレーションでこう語られ、映画は終わる。

「戦争に生き抜いた者こそ、真実、次の戦争を欲しない」

私は考え込んでしまう。人間は歴史に学んでいるのか、と。この映画は新東宝が製作した数少ない反戦映画の名作である。

『上海の女』〈稲垣浩監督、昭和二十七年（一九五二年）、東宝〉

こんなメロドラマの映画が昭和二十七年に製作公開されていたなんて知らなかった。主演の山口淑子

が、かつて満映スター・李香蘭だった自らの半生をオーバーラップさせる映画なのだ。しかも悲劇のヒロインとして。まあ、たしかにドラマティックではある。

舞台は一九四五年七月、太平洋戦争終末近くの上海。日華事変以来、上海では重慶政府の特務活動に対して、日本軍および南京政府の特務工作戦が日夜激しい火花を散らしていた。特務機関とは暗殺、破壊、謀略、あらゆる手段を使って敵を攪乱攻撃する地下組織。要するにスパイ、テロ活動である。

山口淑子扮する歌手の李莉莉《りりりー》は長崎生まれの日本人だが、幼くして両親を亡くし、中国人・李克明《りこくめい》（青山杉作）の養女になった。李克明はかつて南京政府主席・汪兆銘《おうちょうめい》の友人で南京政府の要職にあったが、汪兆銘亡きあとは蒋介石の重慶政府との和平工作に尽力している人物。もう一人の主演・三國連太郎は日本軍特務工作・柏機関の真鍋中尉。莉莉と真鍋に愛が芽生えて話はややこしくなる。二人に横恋慕するのが南京政府特務工作員の丁士邨《ていしそん》（二本柳寛）。佐々木孝丸は三國の直属の上司で、日本軍特務工作・柏機関の来島大佐。時といい場所といい、いい人物設定といい、もうこれだけで波乱万丈の歴史と実在の組織や人物の名前が浮かんでくるのだが、どうもよくわからないのは一九四〇年から四五年にかけての中国の歴史だ。

日中戦争で日本軍は蒋介石の国民政府と戦っており、満洲建国後は蒋介石のライバルだった親日派の汪兆銘を担いで南京政府を作って傀儡にした。その汪兆銘が亡くなったあとのドサクサで中国国内がどうなっていたのかが、いまいちよくわからない。傀儡南京政府は日本の敵ではあるが同じ中国人同士の重慶政府と本気で戦っていたのか、それともこの時期はまだ毛沢東の共産軍と戦っていなかったのか。

この年の八月には太平洋戦争が終結し、同時に南京政府は消滅した。日本の傀儡政権なら満洲国を思い浮かべるのだが、私はうかつにも南京政府という政権があったことを失念していたので、映画の背景を理解するのに時間がかかった。いかに中国の歴史に疎いか、今になって思い知らされた。それにしても日本軍のやることは狡猾だ。

映画で莉莉が真鍋に「子供には育ての親も生みの親も同様、中国も日本も愛している」と言うシーンがあるが、その心情は李香蘭も同じだったことと共感できる。それ以外にも、かつて上海に実在した日本軍特務機関が「梅機関」で、映画に出てくる柏機関のモデルだ。梅機関の中心人物が影佐《かげさ》禎昭《さだあき》とされているから、この影佐が佐々木孝丸扮する来島大佐のモデルということになる。梅機関が操っていた下部組織で、南京政府・汪兆銘系の機関「国民党中央委員会特務委員会特工総部」(ジェスフィールド76号)が実際にスパイ・テロ活動をおこない、映画では「67号」として登場するからわかりやすい。その中心人物が丁黙邨《ていもくそん》という実在の人物で、映画では二本柳寛扮する丁士邨のモデルだろう。

映画では重慶の特務工作員・周永洋《しゅうえいよう》の妻の王秀蘭(荒木道子)が李莉莉と親友だったことから、莉莉を利用して重慶側の情報をさぐれと強要され、真鍋中尉は悩む。二人は同じ日本人だが、立場は敵対する。やがて太平洋戦争は終結に向かい、重慶も上海も激しい戦火となり、李莉莉も李克明もその周辺の人々も命の危険が迫る。こうなると映画がリアリティを帯びてきて、だんぜん面白くなる、と思っていたのに、惜しいことに最後がいけなかった。莉莉は「67号」に捕えられ、反逆者(?)として処刑されることになり、銃殺される直前に彼女に駆け寄った真鍋とともに殺されてしまうのだ。しかし、なんでここに真鍋がいるのか？　愛する人を他人に殺させたくないと真鍋は言い、自ら莉莉に銃口を向けるが、撃てるはずがない。

それにしてもここがよくわからない。ときはすでに日中戦争・太平洋戦争末期。もはやなんの力もない南京政府の地下組織で、柏機関の下請けみたいな暴力集団にすぎない「67号」に、漢奸を処刑する権利などなかったはずだ。真鍋は柏機関の工作員で、「67号」の上部組織の人間だ。だから真鍋は丁士邨に撃つなと命令できる立場にあったのに、なんと二人とも撃たれてしまったのだ。テロリストみたいな彼らに法や秩序なんかないのかもしれない。

このあと蔣介石は毛沢東の共産軍に敗れて台湾に逃亡したが、それは翌年の一九四六年である。映画は、丁士邨（二本柳寛）が手をつないで倒れた二人の遺体を見て、（自分が撃っておきながら）手を合わせるシーンで終わる。これでただのメロドラマで終わってしまった。そもそもこの映画の莉莉は重慶政府には協力したかもしれないが、日本軍に協力したわけではない。しかも彼女は中国人ではなく日本人であって、南京政府であれ重慶国民政府であれ中国政府には外国人を裁く権利はない。李香蘭が処刑寸前に助かったのは日本人・山口淑子であることが証明されたからだ。だから映画での莉莉の処刑は影のテロ組織「67号」の勝手なリンチであって、日本人の真鍋を愛したという理由で丁士邨に殺されたという風にしか思えず、それなら単なる男の嫉妬で殺されたことになる。

一緒に死ぬことになってしまった真鍋の甘さに比べると、やはり佐々木の来島大佐の方が軍人としてリアリティがある。「67号」を利用して南京政府を操縦しながら、敵対する重慶政府へ和平工作に向かう莉莉の養父・李克明とも通じるしたたかな軍人を、さも誠実そうに演じている。そういう人物をやらせたら佐々木は実にうまい。影佐禎昭という人物が実際にそういう人物だったのかと思わせる。

ところでこの当時、山口淑子三十二歳、三國連太郎二十九歳、佐々木孝丸五十四歳。みんな中国服がよく似合うし、中国語が流暢だ。山口淑子がうまいのはわかるが、二本柳寛や加東大介、荒木道子や沢村貞子もうまいので驚いた。そもそも俳優という職業は、言語センス抜群でなければならないものなのかもしれない。

チャイナドレスで思い出したが、佐々木孝丸は映画で何度か中国服を着ている。わかっているだけでこの『上海の女』、『貴族の階段』、『密輸船』、『夕陽と拳銃』、『花と嵐とギャング』、『人間の條件　第一部』。どれもひと癖もふた癖もある役どころで、よく似合っている。

6　弁護士、法曹界

『大東亜戦争と国際裁判』清瀬弁護士、『黒い画集　あるサラリーマンの証言』裁判官、『波の塔』元検事正

『大東亜戦争と国際裁判』〈小森白監督、昭和三十四年（一九五九年）、新東宝〉

今の憲法は押し付け憲法だから改憲すべきだ、と戦後から思考停止のまま叫ぶ改憲論者と同じように、今でも保守系の人や自民党の一部の政治家が「東京裁判は戦勝国が都合よく裁いたもので認められない」と言っているのを耳にする。東京裁判に関してはたしかに百歩譲って一理はあるとしても、だからといって日本の侵略戦争の罪が軽くなるわけではない。アメリカの原爆投下はもっと検証され、裁かれなければならないと私も思う。そもそも私のような団塊世代は学校で正しく戦後史を教えられなかったし、日本軍がアジアや南太平洋で何をしたかなど詳しく知らなかった。戦争に負けた方は、負けたことなど早く忘れたかったのだろう。忘れてはいけないことを忘れて、ひたすら経済発展を目指してきた。当時の大方の日本人は「東京裁判を受け入れたから今日の経済発展がある」ということで負けた悔しさを胸に納め、戦後ずっと東京裁判のことなど忘れてきたような気がする。かくして親の私たちが戦後史を知らないのだから、私たちの子供の団塊ジュニアたちが知っているとは思えない。ちょっと恥ずかしい。

もう三十年以上も前に作られた映画『激動の昭和史　東京裁判』〈小林正樹監督、昭和五十八年、東宝東和〉を見て、恥ずかしながら初めて東京裁判というものの全貌を、おぼろげながら知ることができた。なにせ四時間半もあるので、見る前には途中で帰ろうかとも思っていたのだが、最後までちゃんと見た。見終わって、自らの無知を恥じた。

そしてやっとのことでビデオを入手して『大東亜戦争と国際裁判』を見たのは最近のことである。佐々木孝丸が出ているからだ。半世紀以上も前に作られた、しかも〝大風呂敷プロデューサー〟大蔵貢が製作指揮をとり、このあと会社ごと潰してしまった新東宝映画である。どうせ小林正樹の渾身のドキュメンタリー映画とは月とスッポンではないか……などと、うすうす思いながら見始めた。ところが意に反してこれが意外と面白く、なかなかよくできているのである。まずなんと言っても、佐々木の演じる清瀬一郎弁護士が見ごたえがあった。佐々木の役者としての神髄は、本人も自覚しているように暴力団のボスやフィクサーなどの悪役だが、この映画を見て、彼が最も向いている役柄は弁護士ではないかと思ったほどだ。やくざの親分も学者も僧侶も軍人も政治家も社長も、佐々木は何をやらせてもうまいのだが、声といい風格といい、私はやっぱり弁護士がピカイチだと確信した。本物の弁護士より弁護士らしいのである。できることなら本物の弁護士がこの映画を見て、佐々木孝丸を見習ってほしいとさえ思ったほどだ。

弁護士というのは裁判所という舞台で勝訴するのが目的だから、なんといっても弁が立たなければならない。私は何度か本物の裁判を傍聴したことがあるが、なかには身振り手振り、まるで役者じみた弁護士がいて、「この人ホントに弁護士？」と思ったことがある。傍聴席の後ろの方で笑うのをこらえている人もいたが、傍聴者としてはけっこう聴きごたえも見ごたえもあった。これがいいかどうかは別として、法廷の全員を注目させ、言葉で相手を納得させる弁舌は大変な能力なのである。腹から声を出し、ときにはドスを効かせた声で雄弁に主張し、ときには優しくユーモアも交え、かつ誠実な言葉で説得するのだから、もし私が被告の場に立たされて裁判が勝訴したら、いくら弁護料を払ってもいい。そう思わせるほど、弁護士というのは大変な職業なのである。まして佐々木はこの映画で東京裁判という戦後最大の大舞台で日本人弁護団副団長を務め、しかも東條英機の主任弁護士だった清瀬一郎の役を演じた。負けたとはいえ、佐々木の清瀬も清瀬一郎本人も、精いっぱい闘ったと思われる。

弁護団はまず弁護方針に悩む。敗戦国日本の国家弁護をするのか、あくまで二十八人の被告個人の弁護に徹するか……。弁護団のなかでも意見が分かれる。しかし明確な答えがあるはずがない。国家を擁護しなければ被告の弁護もできないとする一方、もはや日本に戦争責任があるのは認めざるを得ないという意見。悩んだ末に清瀬は、開廷にあたってこの国際裁判である東京裁判には被告を裁く権限がないことを主張する。日本陸軍がポツダム宣言を受けて無条件降伏し、そのあとに開かれた裁判であるから、満洲事変・日中戦争は除外すべきであり、太平洋戦争犯罪のみを裁くのが筋であり、なおかつ戦勝国の空襲、原爆投下などのアメリカも裁かれなければならないと力説し、公平な裁判を訴えた。清瀬の演説はこれは一理あるなと思わせるが、満洲事変から日中戦争、太平洋戦争へと続く道筋は日本の侵略戦争として連綿とつながっていて、切り離すことは難しい。

やがて検察によって日本軍の南京虐殺やマニラ襲撃の残虐行為が法廷で暴露されると、形勢は不利になる。当然だろう。最後はインドのパル判事の判決への反対意見書がモノローグとして出てくる。

「法と正義の衣をまとった復讐劇に終わらせるべきではない。むしろ原爆投下命令こそ問題である」

法廷では朗読されなかったこの名言はのちに世界中で広まって記憶されたが、パル判事の趣旨は清瀬が最初に訴えた〝公平な裁判〟であり、東京裁判ではそれが果たされなかったことの失望を意味する。これはパル判事が日本軍の擁護をするものではなかったが、東京裁判を認めたがらない日本の保守派の一部はここだけ都合よく切り取って主張している。ちょっとみっともない。認めたくなかったらとことん主張すればいい。そしてそれはアジアでの日本軍の残虐行為や従軍慰安婦問題を正確に検証して認めることとセットでなければならないだろう。戦後七十年以上を経てもそのことは曖昧にされて、憲法や安保関連法案、沖縄米軍基地問題などと複雑に絡んだままだ。

法廷劇として見ればこの映画は一応及第点なのだが、主役は佐々木孝丸の清瀬一郎ではなく、あくまで嵐寛壽郎演じる東條英機であり、家族の悲しみを描くことで軍人を美化したB級映画だった。悲劇として描いたことは必ずしもマイナスではないが、アラカンの鞍馬天狗や明治天皇を彷彿させる東條英機や、高倉みゆき演じるあまりに美しすぎる東京ローズに目がテンになったりして、ちょっと笑ってしまった。どう考えても真っ白いスーツに赤いバラを付けた〝アイバ・戸栗郁子〟（東京ローズと言われた日系アナウンサーの一人）がマイクの前で喋っていたはずはないではないか。本物以上に本物らしいならともかく、これはウソっぽかった。東條夫人（高杉早苗）や令嬢の小畠絹子も美しい。どれもこれもあまりにわかりやすいと見ていて逆に居心地が悪い。当時の日本人はほとんど戦争の痛手を忘れ、「もはや戦後ではない」とされて高度経済成長に酔いしれ始めていたのだろうか。戦後、東宝の労働争議で誕生した新東宝は名作も産みながら、大蔵貢が社長に納まってアラカンの明治天皇シリーズで大当たりしたがもはやそれまで、この映画の二年後に倒産した。

それにしてもつくづく思う。かつて左翼演劇で鍛えられた役者魂が戦後の商業映画で発揮されているのは皮肉という向きもあるだろうが、そんなことはどうでもいいのだ。プロレタリア演劇であろうとプチブルの娯楽映画であろうと、いいか悪いかは観客が決めることだ。

佐々木はほかにも弁護士役を演じているが、『暴力の王者』（内川清一郎監督、昭和三十一年、新東宝）という映画は興味深い。これはビデオもＤＶＤも発売されておらず、見ることができない。神戸の暴力団の闘争劇で、宇津井健や丹波哲郎、中山昭二、久保菜穂子らが出演。佐々木は主人公・宇津井健の弁護士でありながら、実は暴力団の大ボスだったというストーリー。弁護士で暗黒街の黒幕、いいねえ。見られないのが残念で仕方がない。

7　僧侶

『モンテンルパ　望郷の歌』榊教誨師、『たけくらべ』住職・信道、『若き日の信長』大石寺覚円、『忍びの者　新・霧隠才蔵』天海僧正

『たけくらべ』〈五所平之助監督、樋口一葉原作、昭和三十年（一九五五年）、新東宝〉

佐々木孝丸が僧侶を演じた作品はいくつかあるが、なかでも『たけくらべ』の住職はまさに秀逸だ。佐々木の役は信如《しんにょ》の父、龍華寺の住職・信道で、貧乏寺の和尚。先妻との間の娘・花を妻帯者の妾にやるような父親で、世間体を気にしてはいるが、芸者や女郎よりは妾になるほうがいいと思っている男。花の長襦袢を選びながら、「少し高いが、これがいいだろう。女の長襦袢は大事だからなあ」などという好色坊主であり、酒の肴に鰻のかば焼きを「大声で、龍華寺へ、と注文して来い」と信如に言いつける生臭坊主でもある。潔癖な信如（北原隆）はそんな父親が嫌でたまらない。美登利（美空ひばり）をめぐる恋のライバル・田中屋の正太郎（市川染五郎、現・松本幸四郎）に自分のことを「信如はね、お酉さん（酉の市）で女房に花かんざしを売らせるような坊主の子だからね」と言いふらされ、そんな恥ずかしいことはやめてほしいと父親に訴える。

一葉はこう書いている。

「大和尚大笑ひに笑ひすてゝ、默つて居ろ、默つて居ろ、貴樣などが知らぬ事だわとて丸々相手にしては呉れず、朝念佛に夕勘定、そろばん手にしてにこ〳〵と遊ばさるゝ顔つきは我親ながら淺ましくて、何故その頭《つむり》は丸め給ひしぞと恨めしくも成りぬ」

なにせそんな父親だから、和尚とはいえ僧侶らしいところがまったくない。明治のご時世、貧乏寺の経営はよっぽど困難な時代だったらしく、

「少しは世間のなりふりを見るがいい。いいか信如、御本山御本山というが抹香いじりだけが坊主の勤

めではなくなってきたんだ」
そう言って、読経なんかするよりせっせとお札や熊手作りの内職に精を出す信道。娘の花が妾奉公の辛さを訴えて実家に帰って来ても、
「なあお花、帰りなさい。まあ辛いこともあるだろうが、我慢していりゃあ慣れる。わしの顔も立ててくれんとなあ。旦那はお前を可愛がっているんだ。これにこした幸せはない」などと諭す。姉の辛い気持ちを察する信如が思い余って、「姉さんをここへ置いてください。あの家に帰ったら姉さんは死んでしまいます」と父親に頼み込むが、「ええい、うるさい！」と信如の頬をピシャッ！　と平手打ち。映画だからといって手加減なんかしていない。「今にお前たちも、このお父さんをありがたく思うときがきっとくる」と信じてやまない父親。もう何を言ってもムダ、というような人物をやらせると佐々木孝丸の右に出る者はいないのだ。

物語の最後、信如はそんな父親のいる家と、美登利への淡い想いとも決別して京都の本山へ修行に行くのだが、佐々木自身も高等小学校卒業後、十四歳で京都の本山へ真宗学の修行にやらされたことがある。一年足らずで嫌になって実家の寺に逃げ帰ったのだった。その後、隣村の親戚の寺に修行にやらされるが、そこの従妹に淡い恋心を抱いたものの、十五歳で通信技師になることを決心して故郷を出た。映画の撮影当時は五十代後半だった佐々木は、信如の姿と少年時代の自分自身を重ね合わせただろうか……。

映画では、美登利に扮した十八歳の美空ひばりの芸のうまさに驚いた。おきゃんで姉御肌で、信如を

思う一途な思春期の少女・美登利をよく演じている。美空ひばりが映画のなかで歌っていない、珍しい映画だ。こんなひばりはそうざらには見られない。『伊豆の踊子』（昭和二十九年）より私は好きだ。元花魁だったが落ちぶれて駄菓子屋の女あるじとなっている山田五十鈴もさすが名女優。原作も名作だが、映画も実に切なくて、明治中ごろの下町の少年少女が生き生きと映し出されている。今見ても名画だと感心する。佐々木はこのあと、美空ひばりとは何度も共演している。それも東映時代劇全盛期、『べらんめえ芸者』（昭和三十四年）や『花のお江戸のやくざ姫』（昭和三十六年）など、主役のひばりにこっぴどくやっつけられる千田社長や老中・酒井といった悪役として。

ところでまったく関係ないことだが、とても気になることがある。この『たけくらべ』の映画音楽は芥川也寸志が作曲したものだが、そのあとNHK大河ドラマ『赤穂浪士』（昭和三十九年）のテーマ音楽と同じ曲なのである。別に盗作というわけではないが、内容が全然違うものなのに音楽が同じということが理解できない。使い回しをせざるを得ないような理由があったのだろうか。今となってはもうたしかめようがないかもしれないが……。こんな例はほかにもあるのだろうか。

佐々木はほかにも『忍びの者　新・霧隠才蔵』（森一生監督、昭和四十一年、大映）でも僧侶を演じている。ただしこちらは『たけくらべ』の貧乏寺の生臭坊主とは月とスッポン、僧侶といってもただの坊主ではない。その名も高い高僧・天海僧正。小沢栄太郎演じる徳川家康の参謀・ブレーン的存在で、家康、秀忠、家光と徳川三代にわたって将軍に仕えた名僧である。天海は実在の人物で、百歳以上生きたという長寿の僧侶。出自は明らかではなく、足利尊氏落胤説や明智光秀と同一人物という仰天説もあるとか。家康に江戸を幕府の本拠地に、と進言したのも天海である。いろんな意味で、実に頭がよかったのだろう。今は日光東照宮の墓所に家康ともども、眠っている。

思うに佐々木は権力者よりも、その背後にいる狡猾な黒幕の役を演じる方が実にうまい。小沢栄太郎の悪役は第一級だが生々しさが表面に出過ぎている。その反面、佐々木の黒幕は底知れぬ深みを感じさせる。もしかしたらこの人は善人ではないかと思えてしまうところもある。そのあやうさが佐々木孝丸の魅力なのだ。二人の風貌と声の質が、その違いを的確に表現しているように思える。

信道と天海、どちらの僧侶も佐々木孝丸が演じるに相応しい役柄だった。

8　時代劇

『長崎の夜』大畑伝四郎、『水戸黄門　天下の副将軍』老中・阿部豊後守、『花のお江戸のやくざ姫』老中・酒井上野介、『神変麝香猫』由比正雪、『影法師捕物帖』田沼意次、『独眼竜政宗』豊臣秀吉、『秦・始

『新黄金孔雀城 七人の騎士』（昭和36年）左＝山城新伍、右＝佐々木孝丸

皇帝』田光、『地獄花』すみ主、『眠狂四郎円月斬り』水野忠成、『新黄金孔雀城　七人の騎士』孔雀老人、『蜘蛛巣城』都築国春、『宮本武蔵　般若坂の決斗』池田輝政、『竜虎捕物陣一番手柄　百萬両秘面』清水玄山

『竜虎捕物陣一番手柄　百萬両秘面』（昭和32年）

『独眼竜政宗』〈河野寿一監督、昭和三十四年（一九五九年）、東映〉

十六世紀末、関白に昇り詰めて天下統一を果たそうと目論む豊臣秀吉は京都に聚楽第《じゅらくてい》を竣工したが、もっかの悩みは東北の戦乱にあり、意のままにならない目の上の瘤、奥州の鷹と呼ばれた伊達政宗だった。政宗は秀吉の私戦禁止令を無視して各地で戦い、秀吉は激怒する。そこに勘付いている政宗は秀吉に聚楽第竣工祝いとして鷹を贈るが……、というところから映画は始まる。その秀吉に佐々木孝丸、政宗は中村錦之介が扮している。火花散る絶頂期の秀吉と東北の麒麟児・独眼竜政宗を、六十一歳の佐々木孝丸と、人気絶頂の中村錦之介が演じた。このとき錦之介は二十七歳。この若さですでに大スター、佐々木の迫力に負けていない。秀吉対政宗——当然ながら見る方としてはそこに期待したのに、映画は

大川恵子や佐久間良子が出てきて正室対側室みたいなことになり、退屈になる。どうせ伊達六十万石の殿様、どっちも手にするのに、そんなことはどうでもいい。

ところでこの映画では秀吉が謀った政宗暗殺団によって吉宗の右目が負傷したことになっているが、史実では政宗は幼少期に罹患した天然痘で右目が失明したから、政宗の秀吉に対する怒りや闘争心はやや説得力に欠ける。

秀吉が重臣の石田三成（徳大寺伸）と交わす会話に政宗と秀吉の心理戦がよく表れている。天下統一にことごとく目障りな若造の政宗をどう料理してくれようか……。

「まあ見ておれ。息の根を止めるか、こちらの腹中に入れるか、いずれかに決着をつけねばならぬ奴よのう……」

政宗は北条一派の畠山義継（山形勲）を倒し、その勢いで小田原に向かい、秀吉に会いに行く。父・輝宗と小田原の北条氏とは同盟関係があったが、このとき秀吉は北条氏討伐に向かい小田原を攻囲していたのだ。政宗は北条氏側に着くか秀吉に着くか迷ったが、結局は時勢には抗えないと考え、秀吉に服従する。自ら秀吉の腹中に入ったのだ。勝ち馬に乗る方が賢明と考えたのは当然だろう。映画はここで終わっている。興味深いのは政宗よりも秀吉。豊臣秀吉という権力者の六十一年の生涯がどういうものであったかここで縷々述べるつもりはないが、天下統一までの秀吉のサクセスストーリーよりも、このあとの秀吉の方が私としては興味深い。実際の秀吉の風貌は猿とあだなされたような小男で、佐々木孝丸ほどの容貌ではなかったようだが、それでも佐々木孝丸の面魂《つらだましい》がひと癖もふた癖もある豊臣秀吉を十分連想させる。悪役俳優・佐々木孝丸主演で悪徳を積み重ねた秀吉の最期までの映画が見たいものだ。その際、徳川家康は誰がいいか、三成は？　利休は？　淀君、千姫、秀頼、真田幸村……、考えただけで楽しい。

『蜘蛛巣城』〈黒澤明監督、昭和三十二年（一九五七年）、東宝〉

黒澤明の名作『七人の侍』の三年後に公開された映画。黒澤は昭和二十六年にドストエフスキーの『白痴』、昭和三十二年にはシェークスピアの『マクベス』をこの『蜘蛛巣城』に、同年にゴーリキーの『どん底』、昭和六十年にシェークスピアの『リア王』を『乱』に、それぞれ映画化している。人間の心理を追究する普遍的なテーマが、黒澤を世界のクロサワと呼ばせた所以だろう。『マクベス』も『蜘蛛巣城』という日本の戦国時代に置き換えられ、山野を疾駆する騎馬兵の荒々しいアクションと、能舞台を思わせる緊迫感漂う静けさが相まって、黒澤の独特な世界が繰り広げられる。主演の武将・鷲津武時（マクベス）に三船敏郎、奥方の浅茅《あさぢ》（マクベス夫人）に山田五十鈴、武時に殺される城主・都築国春（王ダンカン）に佐々木孝丸、武時の戦友で武時に殺される武将・三木義明（ダンクオー）に千秋実が扮している。強迫観念に取り憑かれた三船の荒々しさと小心さ、山田のぞっとするような美しさと野心、佐々木の城主としての貫録、千秋の人間的な誠実さ……。さすが黒澤、これ以上のキャスティングはないだろうと思わせるほど、それぞれが適役である。

黒澤が映画製作のために描いた絵コンテのうまさには定評がある。黒澤は若くして画家を目指して美術学校（現・東京藝大美術学部）を受験するが失敗し、造形美術研究所（プロレタリア美術研究所）に入った。十九歳で画家の岡本唐貴《とうき》に指導を受けている。プロレタリア美術家同盟に参加していた岡本は昭和八年、築地警察署で拷問を受けて死去した小林多喜二の死顔を描き遺した。ちなみに奇しくもそのとき、新築地劇団に所属していた佐々木はその場にいて、小林の葬儀にも尽力している。偶然だがそうした黒澤明の経歴からもクロサワ映画の奥深さが感じられる。

佐々木孝丸という俳優を見ていると、人を支配する立場にある人間の声色というものを実によく捉えていると感心する。いつの世も支配者は、風貌とその声が重要な役割を持っている。とくに彼が発するその声こそが人々を威圧する道具と言ってもいい。それほど声は重要な要素だ。佐々木孝丸の声は、たちまち人々に緊張を強いる声なのだ。与えられた役柄があって、決められたセリフを言う、それだけではない何かが俳優には必要なのだ。良くも悪くも演じる俳優自身の奥に積み重ねられた心のありようが、演技に映し出されるからだ。

戦国武将もさることながら、俳優・佐々木が得意の役柄、暴力団のボス、学者、弁護士、軍人、政治家、社長……、才覚が重要であることは当然として、それと同じくらい、人の心に矢を射るような声が必要である。佐々木は黒澤映画に向いていると思うのだが、佐々木が出演したのはこれ一作である。それはどういうわけなのだろう。思うに、黒澤が目指したのは娯楽活劇映画であって、現実味を超えた演劇の舞台ではないということだろうか。舞台的要素はあるものの、やはり黒澤は映画監督なのだ。はっきりした理由はわからないが、佐々木は板（舞台）の上で鍛錬された新劇出身の舞台俳優であり、声の良さは大仰なセリフの言い回しに聞こえなくもない。ヨーロッパで言うとコメディ・フランセーズ（フランスの国立劇団）かロイヤルシェークスピア劇団（ＲＳＣ）の俳優に似ているかもしれない。そんな佐々木に比べると、黒澤が見込んだ三船敏郎の演技はまったく違う。三船は決して演技がうまい俳優とは思えないのだが、映画俳優としては魅力的だと思う。

一方、佐々木の娘婿・千秋実は昭和二十四年の『野良犬』から昭和三十八年の『天国と地獄』まで、十一本の黒澤映画に出演した。千秋は三船より三歳年上だが、三船敏郎とは常に対照的な役を演じ、黒澤映画に欠かすことができない俳優の一人だった。岳父の佐々木と同じく演劇出身の俳優ではあるが、戦後一貫して、リアリティのある人間臭い自然な演技でひときわ異彩を放った映画俳優である。

9　刑事、警察幹部

『隼の魔王』大沢警部、『三つ首塔』等々力警部、『三十六人の乗客』鏑木警部、『ガス人間第一号』警視庁幹部、『非情都市』長谷川部長刑事、『悪の華』加藤警部

『隼の魔王』〈松田定次監督、昭和三十年（一九五五年）、東映〉

片岡千恵蔵主演の多羅尾伴内シリーズ第七作。

「あ、お前は横川！」

「七つの顔の男だよ。あるときは無名の老医師、あるときは多羅尾伴内、あるときは片目の運転手、あるときはハッパの権こと横川権吉、あるときはせむし男、あるときはレッドソックスの三塁コーチ、しかしてその実態は——正義と真実の使徒、藤村大造だ！」

二挺拳銃を構え、ダブルのスーツとソフト帽をかぶった多羅尾伴内が現れて犯人にこう告げるラストシーン。この片岡千恵蔵主演の多羅尾伴内シリーズは戦後の大ヒット映画で、昭和二十一年から三十五年までに十一作品が製作された。なかでもこの『隼の魔王』は最も評価が高い。

佐々木孝丸は警視庁捜査一課の大沢警部の役で登場。やくざや暴力団のボスが当たり役とはいえ、警察幹部や裁判官、弁護士といった法律を守る側の人間をやらせても、佐々木孝丸はうまいのである。なんといってもソフト帽とトレンチコートがよく似合っている。昔の刑事はみんなこんなファッションだったのだろうか。悪役は薄田研二と三島雅夫。この二人は佐々木とともに戦前からプロレタリア演劇

『三十六人の乗客』（昭和32年）
左＝佐々木孝丸、中央＝志村喬

で活躍した、いわば昔の仲間。佐々木と同年の薄田は築地小劇場から分裂後は新築地劇団に入り、敗戦後は村山知義の新協劇団へ。昭和二十五年に退団して東京芸術座を設立し、東映の時代劇で主に悪役で活躍した。戦前に日本共産党に入って戦後は転向した新劇俳優は多いが、薄田は逆で、戦後に日本共産党に入党している。三島は築地小劇場から新築地劇団へ。戦後は俳優座に所属し、映画でも名脇役として幅広く活躍した。

映画のあらすじは野球賭博の八百長犯罪で起きた連続殺人事件で、野球場でホームランを打った強打者が観衆の目前で殺されるというシーンから始まる。死因は首に刺さった毒針。その現場で写真を撮っていたカメラマンや他球団の打者、チンピラら、次々と起こる連続殺人事件。捜査にあたる警視庁の大沢警部に協力すべく、野球場や病院や警視庁などの現場に現れる変装の探偵・多羅尾伴内が解明していく。その多羅尾が行くところに次々と喜多川千鶴が扮する高森真砂子というライバルの探偵が現れるのだが、その探偵社の社長が三島雅夫。殺されたカメラマンが所属するスポーツ新聞社の社長が薄田研二。その二人の友人で材木会社の社長と三人で、大がかりな野球賭博がおこなわれていた背景を突き止めていく多羅尾伴内。

犯人たちの指示する八百長に従わなかった新田選手（波島進）とその恋人（田代百合子）が誘拐され、二人が製材所の電動のこぎりで殺される現場に多羅伴内の藤村大造が現れて助けるラストシーン。この映画の最大の見どころは、この電動のこぎりで美男美女を二つに裂く猟奇的な悪趣味のシーンではない。そのとき、「正義と真実の使徒（人ではない）、藤村大造」が犯人たちにこう述べるのだ。

「はじめに昔話をするがね、戦時中、上海に暁団という結社があった。その結社は殺人請け負い、婦女誘拐、賭博の胴元などをもっぱら常習としていた。そのメンバーが戦後日本に帰って三つに分かれ、一つは林業、一つはスポーツ新聞社、一つは探偵社を経営した。ただしそれは表向きで、裏じゃあ常に緊密に連絡を取って、種々の犯罪、とくに最近は大がかりな賭け事に熱中していた……」

またもや戦争中の話が出てくるのだ。だいたいこの時代の悪人は戦争中に上海にいて怪しげなことにかかわり、戦後は日本に帰ってからも悪事を働く……、そういう筋書きのドラマや小説が多い。荒唐無稽な話だと一笑するのか、それとも案外事実をもとにしているのか。いずれにしても戦時中のどさくさの時代は渾沌としていて、戦争の置き土産は重くのしかかる。それと同時に人間の想像力もふくらむ。私たちはまだまだ知らないことがあるのかもしれない。

多羅尾伴内が二挺拳銃を構えたまま、自己紹介から始まって長々と事件の顚末を説明している間、みんな黙って聞いているのが不自然なことは目をつぶろう。それが終わった途端に犯人たちとの銃撃戦になるのだが、そのうちに多羅尾、いや藤村大造の拳銃の弾がなくなる。これは当然だろう。いつまでも撃ち続けるほうが不自然だ。あやういところで大沢警部ら警視庁のパトカーと警官隊の車が大挙して押しかけ、犯人たちは御用になる。これで一件落着になるのだが、喜多川千鶴の探偵が「多羅尾さんは?」と探し回るが、彼はもうそこにはいない。するといつの間に書いたのか、多羅尾伴内こと藤村大造が書いた一枚の貼り紙があった。「空ふかく　無心に輝けばこそ　匂いさやかに　無心に開けばこそ　光の道ひとすじ　無心にたどればこそ　月はうるわし　花はうるわし　友またうるわしきかな」。

この詩（？）を読んで喜多川千鶴の美人探偵は彼に恋慕の情を寄せ、涙を流す。別に詩に深い意味はないと思うのだが、オープンカーを運転しながら微笑する多羅尾伴内のアップ。映画はこれで終わり。そういえばアルセーヌ・ルパンは女性にモテたというが、多羅尾伴内はルパンがモデルなのか？　誰が依頼した事件でもないのに勝手に首を突っ込み、解決し、去っていく。美しいヒロインの心を奪って。

片岡千恵蔵はこのときなんと五十二歳（ちなみに佐々木孝丸は五十七歳）。この多羅伴内シリーズのリメイクが昭和五十三年に小林旭主演で製作されることになったが、これは二作で終わった。うーん、やっぱり多羅尾伴内は片岡千恵蔵かな？

ところで探偵役の片岡千恵蔵にはほかに金田一耕助シリーズ七作品がある。そのなかの『悪魔が来りて笛を吹く』（松田定次監督、横溝正史原作、昭和二十九年、東映）で、佐々木は犯人の目賀博士役で出演している。横溝が自作のなかで最もおぞましいと語った作品だ。この映画をどうしても見たいのだが、残念ながら映像が手に入らない。

10　社長、重役、官僚、政治家

『あなた買います』球団専務・白石梅之介、『血は渇いている』昭和生命社長、『べらんめえ芸者』千田社長、『怒れ！力道山』赤岩敬介、『重役の椅子』高田工業社長、『ゼロの焦点』博報社重役、『渡り鳥北へ帰る』岡野治五郎、『森と湖のまつり』山城屋、『巨人　大隈重信』大久保利通、『妖星ゴラス』関総理、『怪獣大戦争』自治代表、『皇室と戦争とわが民族』木戸内大臣、『けものみち』岡村代議士、『日本の黒幕』元総理・伊藤良策、『激動の昭和史　軍閥』若槻礼次郎、『小説吉田学校』斎藤隆夫代議士

『あなた買います』〈小林正樹監督、昭和三十一年（一九五六年）、松竹〉

映画のキャッチコピーが「華やかな球界の裏側を舞台に社会を鋭くえぐる異色ドラマ」とあるように、野球映画と言うよりも野球選手を取り巻く人間の野望・欲望ドラマ。テレビの普及とともに戦後のプロ野球が庶民の人気を得て、同時に日本が経済高度成長へと向かう時代の話で、このころはまだドラフト制はなく自由競争で選手を獲得していた。球団はどこも人気・実力の花形選手の獲得に必死で、球場の裏側では札束でスカウト合戦を繰り広げていたという。そうした騒動の顚末を描いた小野稔原作の同名のベストセラー小説をもとに、社会派の小林正樹が監督したもの。佐田啓二主演、ほかに伊藤雄之助、岸惠子らが出演している。佐々木孝丸は球団の重役で、スカウトマン岸本（佐田）の上司の白石専務を演じている。その花形強打者・栗田五郎をこの当時三十代半ばだった大木実が演じているのを見て社会人野球の話かと思ったが、大学野球だった。大木実が二十代の大学生に扮するのを見るのはちょっと苦しいものがあったが、まあいいとしよう。冒頭には、六十年前の神宮球場が映し出されて興味深かった。

あそこには数年後、東京オリンピックのメーンスタジアムが完成することになる。

それはともかく、伊藤雄之助演じる球気一平という人物が面白い。栗田五郎の才能を見抜いて大学に行かせた、いわば育ての親で、栗田の高知の両親から進路を任せるという誓約書を取って栗田を援助してきた。将を射んと欲すれば先ず馬を射よ、の言葉どおり、岸本は栗田を獲得するためにはまずこの男、栗田で一儲けをたくらむ球気一平を味方にしようと近づく。球気は岡山に妻子がいながら愛人の涼子（水戸光子）が経営する旅館に寝泊まりしている。一応、貿易会社に勤めているのだが、その会社の社長の大串（東野英治郎）がまたひと癖もふた癖もあるような男で、球気一平を信用していない。理由は不明だが、「やつ（球気）は中国にいたころ、スパイをしていたんだ。それも敵側のね」などと岸本に言う。そういえば球気は中国語を流暢に喋っていたのを見て岸本が驚くと、球気は「昔、姑娘《クーニャン》（注・中国娘）に銃剣術を教えていたんでね」と言った。戦争が終わってまだ十年そこそこ。「戦争中に」という言葉は出なくても想像はつく。球気はおそらく日中戦争で中国の上海あたりにいて、軍の特務機関でスパイ工作をしていたと考えられる。「敵側の」と言う大串の言葉を信用すると、二重スパイだったのか？　大串は「あの男はね、自分で貿易商をやりたいんだ。ドカッと金を摑んでね」とも言う。岸本の球気一平への興味が深まる。

涼子の妹の笛子（岸恵子）は栗田を愛しているのだが、「野球が嫌い」と言い、栗田がプロ野球に入るのを反対している。これが理解できない。球界という男の世界を汚れた「人身売買」の世界と批判し、否定する。自分はお妾の子だともいい、「ウソのない結婚をしたい」と言う。おそらく彼女の母親もお妾で、姉も球気の愛人だ。笛子が姉とは本当の姉妹ではないかもしれない、と言うのは父親が違うという意味だろう。要するにお金と愛を天秤にかけ、愛の方が重いと彼女は言いたいのだろう。同性として気持ちはわからないではないが、だったらお金で愛を買い人を動かすような世界から絶縁して、栗田ときっぱりと別れる決心をすればいいことだ。まあこういう女性を登場させることで、選手を金で買う汚れた男の世界を対照的に描こうとしているのかもしれないが、どうも現実味に欠ける。結局、栗田が岸本の球団には入らなかったことで、スカウトマンたちを散々振り回して利用したのだと責め、最後は栗田に「卑怯者！」と言って顔に平手打ちを食わせる。だがそれも、観客としてしっくりこない。別に彼女が責めることではない。栗田は自分の人生を自分で決めただけだ。いったいこの笛子という女性は栗田のどこを愛したのだろう。野球をしない栗田五郎を望んだのだろうか。そんな男はこの物語には存在しない。このころの岸恵子の存在は、日本中でヒットした映画『君の名は』から三年経ってもまだ「〝君の名は〟の真知子」だったのだろう。

映画の見どころは後半で、各球団のスカウトマンたちがこぞって栗田の実家のある高知へ乗り込んで契約交渉に向かう。そこで繰り広げられるのは、欲に目がくらんで契約金を吊り上げて奪い合う四人の兄弟たちの醜い姿。ついに長男が弟を包丁で刺して警察沙汰になる。栗田は球気一平が入団を薦める岸本の球団には入らないことを伝え、球気は病が悪化して死ぬ。岸本は球気の「友達として」、危篤の球気の見舞いにも来なかった栗田をなじるが、それもおかしい。札束で選手をスカウトする職業でありながら狙った選手の育ての親を「友達」と言う岸本と、お妾の子という立場を恨みながら「ウソのない結婚をしたい」と言う笛子。この二人が、人間性を失わない生き方をしたいと願う、どこかで通じたものを感じる似た者同士ということはよくわかった。

佐々木孝丸は球団の常務で岸本の上司。岸本のスカウトが思うようにいかなくなって「君がハラを切ったって、ザクザク金が出てくるわけではあるまい」と言い放つが、この言葉も当然であって、とくに冷たい言葉とは思わない。腹を切ったら出るのは血であって金ではない、というのはなかなかクールで、佐々木孝丸なら言いそうなセリフである。ただ、この映画で怪優ぶりを発揮しているのは佐々木ではなく、球気を演じる伊藤雄之助である。どうも岸本というスカウトマンは人間的と言えば人間的だが、人情味のある人間というのはスカウトマンには向いていないのではないか。人は情で動かされるかもしれないが、まずは金で動かされるものだ。岸本と同じく負け組のスカウトマン（多々良純）が「今度はデッドボールで栗田を刺すピッチャーを探すんだ」という言葉の方が、見ている方は「うん、なるほど」、という気がする。映画を見ていて、昭和三十年ごろの社会はまだまだ岸本のような純朴な人間がいて、多くの観客の共感を得ていたのだろうか……。

ところでこの栗田五郎という選手には実在するモデルがいた。香川の高松高校から中央大学野球部で活躍し、昭和三十年に南海ホークスに入団した穴吹義雄である。彼の入団の顛末はマスコミの格好のネタとなり、それが小説や映画になった。昭和三十二年には立教大学生だった長嶋茂雄が読売ジャイアンツに入団契約し、翌三十三年にプロ野球選手として華々しくデビューした。この映画でスカウトマン・岸本を演じる佐田啓二がこんなことをつぶやく。

「一夜明ければ二十歳そこそこの青年が千万長者になる。これは一体なんなんでしょう」
千万長者、という言葉が時代を感じさせる。今なら桁が違う。

『怒れ！力道山』〈小沢茂弘監督、昭和三十一年（一九五六年）、東映〉

私の子供のころ、テレビで空手チョップを見せてくれる力道山は戦後の国民的ヒーローであり、映画スターでもあった。昭和二十八年から三十四年までの間になんと三十本近くもの映画に出演していたという。映画でも本人役で登場する力道山は常に子供たちのヒーローで、みんなそれを実像として疑わなかった。強くて優しくて笑うと愛嬌があって、子供も大人も男も女も、みんな力道山が好きだったという時代がたしかにあった。ちょうど昭和二十八年からテレビ放送が始まって、家族が揃って茶の間でテレビを見たという懐かしい時代。その時代の風を味方にして、力道山はスターになっていった。昭和三十年の『力道山物語　怒濤の男』は見た記憶がある。細かい内容はほとんど覚えていないが、相撲の世界に入って修行を重ね、その後プロレスに転向して成功したというストーリーだったように思う。本人が主演で登場し、

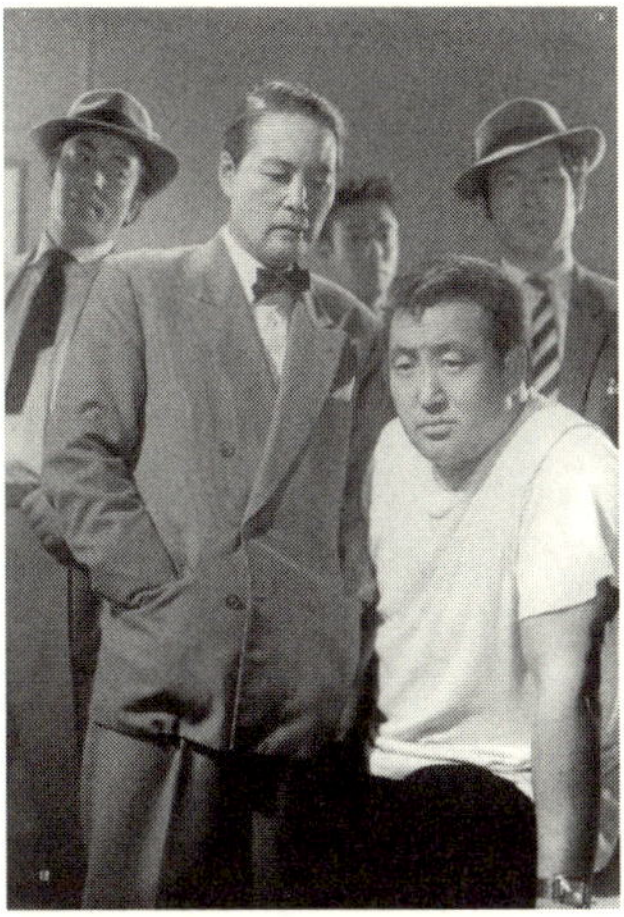

『怒れ！力道山』（昭和31年）
中央＝佐々木孝丸、右＝力道山

当時十八歳の美空ひばりもこの映画にちょっとだけ登場していたのを覚えている。

『怒れ！力道山』もほかの出演映画と似たようなヒーロー物語で、正義のヒーローには悪の脇役が盛り立て役として必要だ。この映画に登場する悪役は佐々木孝丸と早川雪洲。戦前にハリウッドで活躍した国際俳優・早川雪洲が戦後にこんな役で登場していたとは驚きである。このとき佐々木は五十八歳、早川雪洲は七十歳。佐々木も早川も叩き上げのプロの俳優だから、力道山の憎々しい敵を見事に演じている。とくに早川の悪役ぶりはなかなか真に迫っている。正直言って今の時代にこの映画を見るのはちょっと辛いものがある。〝汚れたヒーロー〟と言うわけでは決してないのだが、今となっては力道山という人物がどのような人生をたどってきたのか、私たちの前にほぼ明らかにされてきたからだ。明かされたそれらのエピソードが、映画のなかでまるで裏返しの伏線のように見えてしまうのは皮肉である。なかなかどうして、かつてのヒーロー映画は今見るとけっこう生々しいのである。

彦浜市という架空の町の地元の国会議員の大橋（早川雪洲）は、小児麻痺児のための障害者施設・愛光学園に支払われる市や国からの補助金を、市会議員で悪徳興行師の赤岩（佐々木孝丸）と二人で遣い込んでいた。大橋がかつて力士時代の力道山の後援者だったことで、二人はそれを利用して、選挙資金を得るのと、遣い込んだ金の穴埋めのために、力道山の興行を身体障害者への慈善興行だと偽って一儲けを企む。二人は市立体育館落成式祝賀の宴席に力道山を招き、赤岩がその宴席で力道山にこう言うセリフがある。「だいたいプロレスというものはスポーツではなく、ショーでしょう。そうとう八百長があるっていうじゃないですか」。力道山はその言葉に怒り、「わしはプロレスはスポーツという信念でやっています。こんな人の興行には出られません!」と言って宴席を蹴って出ていくのである。

もしかしたら佐々木のこのセリフは、当時からささやかれていたことなのかもしれない。だからこそ力道山には映画でそれに強く反論する必要があったのではないか。仮に、力道山が昭和三十年ごろの人々に「観客にプロレスを楽しんでもらうために、綿密に練られた台本、筋書き、細かい打ち合わせは演出として必要だ。その上で真剣勝負をやっている。だがそれは八百長ではなくあくまでショーであり、自分はそのために修行をしてきた。体を鍛えて励んでいるエンターテイナーであり、プロデューサーだ」と胸を張って言ったとしたら、どれだけの人間がその言葉を理解しただろうか。今の私たちは力道山の口からそう言ってほしかったが、当時は難しかったのだろうと察する。力道山はそれを言わず、指摘されても反論し、あくまでガチの試合だと言い張り、あるときには八百長破りもして、子供たちに強くて優しい正義の味方のスターを演じてきた。見るからに強そうなアメリカ人レスラーを空手チョップでボコボコにやっつける力道山に熱狂し、大人たちは太平洋戦争に負けたことのうっ憤を晴らすかのように彼を日本人ヒーローだと言った。そして力道山は十年そこそこで日本プロレス協会の土台を築き上げ、高級マンションやアパート、スポーツジムやサウナ、ナイトクラブなどを経営して財を成し、朝鮮出身者だということは明かさないまま、些細な喧嘩で暴力団に刺されて、三十九歳の若さで落命した。

映画のなかで、見るのが少し苦しかったことがある。小児麻痺で足が不自由な子供を子役として演技させているからだ。そうしたハンディキャップのある子供を登場させて、力道山はその子たちに慕われる優しいヒーローを演じる。一方で経営の苦しい個人経営の障害者施設を市営にすることで、その補助金を奪おうとする市会議員や国会議員。今でもよく耳にする話で、昔からそういうことがおこなわれてきたのかと初めて知った。市の運営になれば、議員たちの都合のいいように入所条件が変えられ、力道山の友達の小児麻痺の少年は貧しいので施設に入れてもらえなくなると知り、力道山は赤岩の興行の試合に出て、「負けたら一文もいらない。だが勝ったら興行収益金をぜんぶもらい、それを愛光学園に寄付する」と言い出す。

国会議員の大橋は力道山をこう諭し、脅す。「障害者施設の問題は市や国がかかわる政治の問題だ。それとも何か？　それに首を突っ込むお前は、選挙にでも立候補するつもりか？　我々はお前よりももっと高い観点から世の中を見ているんだ。レスラーはレスラーらしく、プロレスだけやっていればいいんだ、身の程を知れ！　リキ、貴様はこのごろ思い上がっているぞ。お前に何ができるんだ」。そう言われて力道山は大橋に食ってかかる。「レスラーは闘牛や闘犬ではない、人間だ！」これはなかなかの決めゼリフである。

なんとしても力道山に勝たれたら困る大橋と赤岩は、試合前に力道山を暴力団に襲わせる。ナイトクラブでのその乱闘シーンがまたすごい。椅子は飛ぶ、机は壊れる、植木鉢は投げられ、酒瓶やグラスは割れて飛び交い、暴れ回る暴力団たちを手当たりしだいに投げ飛ばす力道山。とうとうナイフを手にした暴力団に刺され、力道山の手や額から血が流れる。実際にこんな暴力沙汰で、この映画の七年後に力道山は命を落としたのかと思うと、このシーンは見ていてあまり気持ちいいものではない。

映画はこのあとにリングでの日米対抗試合のシーンがあるのだが、こちらはかつて私たちがテレビで見た力道山の試合と同じで別にどうということはない。前半は例によってアメリカ人プロレスラーの反則技に観客たちは散々イライラさせられて、とうとう怒った力道山が空手チョップでやっつける、というい つもの筋書きだ。おまけにリングから引きずり出しての場外乱闘に観客は興奮し、喜ぶ。子供を突き飛ばした外人選手に力道山はとくに反応し、それでまた怒って最後はエビ固めで締め上げる、というシーンも忘れていない。力道山は試合に勝ってみんなから祝福され、同時に赤岩の悪事がバレて逮捕され、おそらく大橋も政界から追放されることを示唆して映画は終わる。東映時代劇と同じようなパターンだ。

作られてから六十年後の映画を見終わって、考えさせられることは多々あるが、後味はよくない。戦前・戦後を生きた力道山、朝鮮名・金信洛《きんしんらく》、戦後日本に帰化した日本名・百田光浩《ももたみつひろ》の人生そのものに、私は思いを馳せる。

終章　怪優の陰翳

佐々木孝丸は読書の人だった。どれほど読書好きだったかは、雑誌『悲劇喜劇』昭和五十三年（一九七八年）九月号の「特集・私の本棚」で、当時八十歳の佐々木が「わが書棚街の散歩」と題してエッセーを書いているのでそれを紹介したい。他人の本棚を覗き見るのはゾクゾクする。私はもうこれを読んで、想像しただけでクラクラっとめまいがした。昔の上野の図書館や早稲田の演劇図書館（博物館）、大阪の中之島図書館など、私には特別思い入れが強い図書館があるが、この〝佐々木孝丸書棚街〟こそが「私の夢の本棚だ！」とすぐにピンときた。「わが書棚街のメーンストリートはどのへんだろうかと散歩に出かけてみると、それはやはり『演劇・映画』街であることが分った」と書き始める。私はもうワクワクしてきた。佐々木の長い文章を要約するとこうなる。

書棚のメーンストリート、この通りではまずギリシャ三大悲劇詩人のアイスキュロス、エウリピデス、ソポクレスが悠然と居を構え、その横でシェークスピアが奥の部屋で寝そべっている。またその横で戸板康二に案内された近松門左衛門、鶴屋南北、そのほか歌舞伎の作者たちが物珍しげに現代の世相を眺め、イプセン、ストリンドベリー、ゴーリキーが路地の奥で表通りを睨みつけている。その反対側の〝借家〟では真山青果、岡本綺堂、中村吉蔵らが国立劇場や歌舞伎座の景気を窺っていて、そこを過ぎると中央広場で、巨大な〝マンション〟にぶつかる。そのなかでは新関良三がギリシャ・ローマ演劇再生のために三つ、四つの部屋を占領。その横に秋庭太郎、大山功、松本克平、倉林誠一郎らのゴージャスな研究室が並んでいて、そこを覗いていると時間の経つのを忘れてしまう……。

それから街筋の〝どんづまり〟に、佐々木の忘れがたき師、わが友が合祀されている〝万聖廟《パンテオン》〟があり、こう書いている。

「私に人生を正しく見る眼を開かせてくれたわが終生の師父秋田雨雀をはじめ、公私共に多年親交を結び互いに啓発しあった三好十郎が居り、八木隆一郎が居り、三村伸太郎が居り、久板栄二郎が居り、八田元夫が居り、村山知義が居り、そして演劇人ではなかったが、終生かわらぬ親交を結んだ火野葦平が居り、林房雄が居る。このパンテオンを訪れることは、私のこの上なく愉しいことであり、同時にこの上なく哀しいことでもある」

この上なく哀しいこと……、佐々木がこのエッセーを書いたのは昭和五十三年六月三十日とあり、ちょうど八十歳のときだ。ここに名前が挙がった人たちはすべて、彼岸に旅立っていたからだろうか。トムさんも逝ってしまった。そして火野葦平も……。歳を取って亡き人を思うとき、懐かしさと寂しさと哀しさが押し寄せてくる。思えばあのころ、みんな二十代、三十代だった。

村山知義は佐々木がこのエッセーを書いた前年の三月に七十六歳で死去した。佐々木の胸に〝トム〟

の面影がときを経てまざまざと甦った。二人の関係を思うとき、朋友という言葉が浮かぶ。盟友かもしれない。とにかく普通の友人では納まらない。知己朋友。若き日の出会い、意気投合、演劇に明け暮れた怒濤のような日々、喧嘩別れ……、過ぎ去った遠く夢のような日々。かけがえのない思い出を共有する懐かしい友。村山が亡くなった直後、佐々木は雑誌『悲劇喜劇』七月号に「私の中のダ・ヴィンチ・トム」と題してエッセーを書き、トムを偲んでいる。その五ページにわたって書かれたエピソードのなかに、佐々木や村山の自伝などにはなかったことがあって驚かされた。

エッセーを読むと、佐々木は大正十四年（一九二五年）五月に、先駆座公演を観に来たトムが柳瀬正夢らと楽屋へ訪ねてきて初めて出会ったことを覚えていたし、先駆座の公演が村山の期待外れだったことも知っていた。だがそれより二年前、佐々木はベルリンから帰ったばかりの村山の個展を見に行っていたことを明かしている。

大正十二年のおそらく五月か六月ごろ、ダダイズムを標榜する前衛芸術家・村山の噂を聞きつけた佐々木は、師の秋田雨雀と先駆座の仲間二、三人とともに雑司ケ谷墓地を抜けて護国寺通りにある鈴蘭という喫茶店で催された「村山知義・意識的構成主義的小品展覧会」を見に行った。

「私たちが散歩の足をそこまでのばしたというのも、実を言えば、既に『怪童』としての噂が誰ともなくチラホラ耳に入っていた村山の、その怪展覧会を覗いてみようというのが目的であったのだ」

佐々木はこのとき村山の〝怪作品〟を見て、

「ただただ度胆をぬかれ、うむ……と唸るばかりであった」。

佐々木は絵画とは画布と絵具だけでできているとばかり思っていたが、そこに絵具以外の「物件」が付着していたからだ。村山はキャンバスに、木、コンクリート、紙、鉄板、皮、毛糸、針金、ガラス、布などを貼り付け、とくに好んで使ったのは女の髪の毛で、自分の自慢の創案だったと自伝に書いている。村山はこの直後、絵画のほかに構成派的な舞台装置の制作に取り組み、大正十四年九月、河原崎長十郎らと「心座」を結成してとうとう芝居の魅力に取り憑かれて、演劇界へと足を踏み入れる。村山が佐々木らの先駆座を観に来てからわずか数か月後のことだ。

大正十五年一月、佐々木がマル芸（マルクス主義芸術研究会）のメンバーの林房雄、佐野碩、小川信一とともに心座の舞台『孤児の処置』を観に行ったとき、〝事件〟は起こった。

「舞台上の演出者と観客の一部とが大声で喚き合い罵り合うという、普通の芝居では絶対に見られない異常な出来事があった」

その〝事件〟というのはこうだ。

場所は邦楽座（今の丸の内ピカデリー劇場）。佐々木ら四人は客席の前方に陣取り、〝奇才トム〟の芝居を待ちわびた。さて幕が上がると、舞台にはセットらしきものはなく、テーブルと椅子が数個あるだけ。そこで男女の俳優が数人、メーキャップをしたり衣装を調べたりしている。よく見ると舞台の奥の壁には鉄製の桟敷が取り付けられている。そこに黒マントと黒マスクのアルセーヌ・ルパンみたいな格好の人物が乗っていて、メガホンを口に当てて俳優たちにしきりに怒鳴っているのだ。それがトムだった。トムは右に左にちょこちょこ動き、助手の俳優にあれこれ指示する。助手はものぐさそうにテーブルの位置を変えたりするが、トムが「もっと上手だ！　バカ、それはいきすぎだ！」などと怒鳴る。そんなことがしばらく続いているうちに、小川信一が「いいかげんにしろ！　それが村山の知恵のありったけか！」と怒鳴り、佐野碩が「マスクをとってみろ！」、林が「まやかしはやめろ！」などと怒鳴った。トムも怒鳴ってやり返し、こうしてしばらく舞台と客席前方の双方で喚き、怒鳴り合いが続くのである。とうとうトムが「文句があるなら自分でやってみろい！」と啖呵をきり、客席の四人が黙ったという珍事だ。

　ときは大正末期、まだ二十代の若くて血の気が多くてアヴァンギャルドでアナーキーな連中が集まって、そこでちょっと訳のわからない実験演劇が始まればいったいどういうことになるか、想像がつかないわけではないが、私はもうこの七十九歳の佐々木の書いたエッセーを読みながら、一人声を出して笑ってしまった。それにしてもこのとき居合わせたほかの観客はどう思ったのだろう。今ならこんな客はすぐさまつまみ出されるのは間違いないが、とにかく驚いて唖然としていたことだろう。訳がわからず、もしかしたらこれも風変わりな演出と思ったのかもしれない。たしかに普通では見られない芝居だっただろう。

　この〝事件〟の一カ月後、プロレタリア文芸聯盟（プロ聯）に所属していた佐々木は急遽、トランク劇場を作って小石川の印刷工場で起きた労働争議の組合慰問のために移動演劇公演をやってのけるが、同時にプロ聯美術部員だった村山や柳瀬正夢らは神楽坂で通行人に似顔絵を書いてその収益金を争議団に寄付し、協力した。こうして佐々木と村山の距離は縮まり、

「引き続いて結成された前衛座の同人になるに及んで、トムは完全にわれわれのグループの中に溶け込んでしまった」。

これ以後数年間、二人の親交が深かった時期に村山は少しだけだが俳優としても舞台を踏んでいる。前衛座第一回公演の『解放されたドン・キホーテ』では反動的な宰相を演じた。その後の左翼劇場では『ダントンの死』で佐野碩と共同演出し、同時にサン・ジェストという重要な役で舞台に立った。主役はいつも佐々木だったが、村山がドイツで舞踏を学んだことが俳優としての身のこなしに大いに役立っていて、あのまま俳優を続けていれば村山は第一級の俳優になっただろうと佐々木は書いている。だが時代は左翼や自由主義の思想を弾圧し、村山はマルクス主義に傾倒していく。

さて佐々木の本棚に戻ろう。棚はまだまだ続く。棚のどん詰まりの〝パンテオン〟の横には孔子、老子、釈迦、キリスト、マホメットが仲良く軒を連ねている。この街を歩くときは「生命とは何だ、死とは何だ、人間とは何だ、というようなことを考えないではいられなくさせられる」。

そこを通り過ぎると〝スラム街〟〝庶民雑居のアパート〟だ。哲学・文学・美術・自然科学・土俗学・民俗学・言語学等々、すこぶる便利なスーパーマーケット。手軽に入手できる文庫本・新書本は重宝だ。メーンストリートと背中合わせのところに〝外人街〟があり、日本語は通用しない。その横を通り抜けると〝エスペラント街〟。世界中の作家の本がただ一つの言葉で読める。シェークスピアもダンテもシラーもトルストイもゴーリキーもイプセンもパニュールも……、

「居乍らにして海外旅行をしているような気分を味わうことができる。自宅にいて、他にこれといった用事のないとき、私は一日に一度はこの街筋へ散歩に出かけて、世界中の人々と会話することを無上の愉しみとしている」。

なんという幸せのとき。

日本の名だたるエスペランティストに高杉一郎（明治四十一―平成二十年）という人がいる。作家で評論家、翻訳家。戦前は改造社の編集者として、戦後は小川五郎の本名で大学教授としても知られた。私は古書店で偶然、高杉一郎著『あたたかい人』を手にし、そのなかに佐々木孝丸の名前を見つけた。昭和四年夏、二十歳の東京文理科大学英文科（のちの東京教育大、現在の筑波大学）の学生だった高杉は、駿河台の文化学院を会場に秋田雨雀が所長の国際文化研究所主催で夏期大学が開かれたとき、帰郷の予定を取りやめて、フランス語上級クラスに参加した。高杉はこう書いている。

「そのときの講師のひとりだった左翼劇場の佐々木孝丸がジョーレスの『フランス大革命史』の抜粋を講読のテクストに使ったのである。エスペランティストでもあった佐々木孝丸は私にエスペラントを勉強することをすすめ、同じ夏期大学のエスペラント教室の講師であった伊東三郎や中垣虎児郎にも紹介してくれた。私が秋田雨雀・小坂狷二共著の『エスペラント捷径』をたよりにエスペラントの独習をはじめたのは、彼のすすめに従ったのである」

佐々木がエスペラント語を捨てることなく学び続けたことに、私はプロレタリア演劇から出発した俳優・佐々木孝丸と同時に、エスペランティスト・佐々木孝丸という二つの顔を思い描く。二つの顔は不可分であり、志は一つであるという彼の思いが込められているように思う。俳優も言葉で表現し、語り、伝える。エスペランティストも言葉が国境や民族の差別を乗り越えて、人々をつなぐ。佐々木孝丸は言葉の人として、その人生は一貫してつながっている。言葉が俳優に陰翳をもたらす。怪優に潜む陰翳とは、磨き鍛えられた言葉だったのだ。

〝読書の人〟は〝言葉の人〟でもあった。佐々木は昭和四十六年から日本俳優連合（日俳連）の理事長を務めていて、日俳連の機関誌『俳優春秋』第七号（昭和五十三年三月）の巻頭に「新春偶感」と題するエッセーを書いている。おそらく理事長が書く欄なのだろう。

「年頭にあたって、自戒の意味も含めて改めて書き記しておきたい。それは外でもない、『ことば』のことだ」と書き始めている。あとの文章を要約すると、佐々木があるところで耳にした話だ。第一次世界大戦末期のフランスの片田舎、下宿屋の女主人が日本人の下宿人に、最近は戦争のおかげでパリのコメディ・フランセーズが巡業に来ないので、娘たちが正しいフランス語に接する機会に恵まれず言葉が乱れて困る、と嘆いていたというのだ。佐々木はその話がずっと気になり、エッセーをこう締めくくった。

「舞台の上から（或はスクリーンの上から）その国の正しい生粋のことばを公衆に伝播する――フランスの片田舎のおばさんの嘆きを、私たちは他山の石としたい、と改めて思う」

このエッセーを書いたとき佐々木孝丸八十歳。言葉の重み、演じることの厳しさ、俳優の使命、誇り……、俳優として大事なことを伝えたいという思いが伝わってくる。

言葉の人は、多くの翻訳本も遺した。佐々木は大正九年にミュッセの『二人の愛人』を初めて翻訳・出版する。大正十二年四月に小牧近江と共訳したアンリ・バルビュス著『クラルテ』は、私にとって生涯手放せない大事な一冊だ。装幀は柳瀬正夢。

『クラルテ』はフランスの地方都市に住む平凡な青年シモン・ポーランが主人公で、愛するマリーと結婚して工場で働いていたが、そこへ戦争が勃発する。町中戦争の熱狂に駆られ、彼もまた戦場へと動員される。訓練から行軍、そして最前線へ派遣され、しだいに疲弊していくシモン。戦場で日常的に起こる凄惨な死を目の当たりにし、負傷し、部隊から取り残され、戦場を彷徨う。そして彼の魂も彷徨う。

「——雨と寒気の中で、まだまだ温度を失うまいとする欲望、空間がどうあろうと、自分を自分自身の裡へ包みたいという欲望、自分を支えていたいという欲望、生きたいという欲望、そうした欲望に泣いている自分を意識する。私は泣いた。私は魂からにじみ出た血が、頬の上に流れるのを感じた。私は救助を求めた。それから、絶望的な期待で遠方を望みながら、喘いでいた……」

読んでいて、私は一九七〇年代のベトナム戦争を描いた映画『ディア・ハンター』(マイケル・チミノ監督、一九七八年、アメリカ)を思い出した。製鉄工場で働くアメリカの普通の青年たちが徴兵され、ベトナムの戦場を彷徨い、人間の命とは何か、尊厳とは何か、戦争の狂気とは何かを知ることになる。この『クラルテ』を読んで、二十世紀の冒頭から凄惨な戦争の世紀が始まっていたことを知って私は愕然とする。

『クラルテ』は、バルビュス自身が第一次世界大戦に従軍し、その過酷な戦場体験をもとに到達した反戦小説で、一九一九年に刊行された。エスペランティストでもあったバルビュスは国際的な平和運動に目覚め、それをクラルテ（光）運動と名付けて社会主義的な反ファシズム、反戦運動を展開した。これを受けて小牧近江が金子洋文、今野賢三、佐々木ら八人の同人で大正十年（一九二一年）十月に雑誌『種蒔く人』が創刊され、日本版クラルテ運動が始まった。これにかかわったことが佐々木孝丸の文学・演劇運動の出発点であり、生涯続く精神的支柱となった。大正十二年に叢文閣から発行された小説『クラルテ』の序文「読者に」では小牧と佐々木の連名でこう書かれている。

「この書を日本に紹介するということは、単に私達二人の個人的な仕事ではなく、私達の今日の生命である雑誌『種蒔く人』同人全体の義務であったのだ」

彼らの雑誌『種蒔く人』の生命、本質とは、『クラルテ』にある〝真理〟という言葉に象徴されている。バルビュスが従軍した第一次世界大戦（一九一四年―一八年）中、帝政ロシアとドイツの君主制さらにオスマン帝国が崩壊した。世界中がこの現実を目の当たりにして、大日本帝国がそれに目を背けることはできないと察知した。小牧近江は『種蒔く人』の宣言文、「嘗て人間は神を造った。今や神は人間を殺した。造られたものの運命は知るべきである」という文章の説明を、のちにこう説明している。「バルビュスが『クラルテ』のなかにいっている〝革命の真理〟とは『不秩序なものを秩序あるものにすること』で、『世界の同志と共に起つ』ことであった」

こうして大正から昭和にかけて反戦小説が次々と出版され、雑誌『種蒔く人』がプロレタリア文学運動、労働運動、女性解放運動など様々な民主主義運動の先駆的な役目を果たした。これらはまだ社会主義、マルクス主義思想というより、反独裁、反国家主義的なアナーキズムに近い。大正アナーキズム時代とは日本版クラルテ運動を内包していると考えたほうがいいだろう。この運動は民主的なあらゆる運動の共同戦線として出発している。単に資本家と労働者の対立、資本主義と社会主義・マルクス主義の対立としてではなく、それが〝真理であるか、否か〟を問うているのだ。国家や民族、思想や階級闘争が人々を分断させるのではなく、〝真理のもとに、分断と統合が生じる〟としている。人が生きるための真理かどうか、生活するための真理かどうかが『種蒔く人』のテーマだった。これは現代にも通じる普遍的なテーマだ。

『クラルテ』の最後にはこう書かれている。

「そうだ、此処には一つの神が存在する。我々の広大な内的生命を導引くためには、また、全人類の生命のうちに含まれている分担を導引くためには、決してそれから眼を外してはならない一つの神が存在する。真理という神だ」

一九一九年に刊行されたバルビュスの『クラルテ』は、一八三〇年に発表されたスタンダール著『赤と黒』に共通する精神があった。『赤と黒』は貧しい神学校生徒ジュリアン・ソレルの野望と挫折の物語である。

佐々木が大正十一年に翻訳した『赤と黒』は新潮社から出版されたが、その訳文には多くの誤訳があるのを認め、昭和五年十月、同じ新潮社から「世界文学全集」の一冊として改めて出版された。私はそれを若いころに古本屋で入手していて、『赤と黒』はこの佐々木の翻訳で読んだ。旧仮名遣いで読みにくいところもあるが、不便はさほど感じなかったし、すっかり感動したのを覚えている。昭和五年出版の佐々木の解説文には、「今回、この『世界文学全集』に入れるに就いては、殆んど前頁舊訳本の跡を止めぬまでに筆を入れた」と書いている。私はのちにクロード・オータン＝ララ監督のフランス映画『赤と黒』（一九五四年）を見て心躍らせ、また二〇〇九年の三時間余りに及ぶデジタルリマスター完全版も見て感動が甦った。主役のジェラール・フィリップが若くて美しかった。

「私は何等の幻影をも描いてはおりません。死は私を待っています。それは正当であります。私はあらゆる尊敬とあらゆる讃仰とを受けるに足る夫人を、殺害しようとしたのであります。レーナル夫人は、私のためには母と言ってもよいほどの婦人でありました。私の犯罪は極悪なるものであります。（略）貧のために何らかの意味で常に圧迫されていながら、幸いにして立派な教養を得、そして富める人が『社会』と呼んでいるところの中へ交わろうとする大胆な青年、そういう青年の意気を挫くために、私を罰しようとするのでありましょう。陪審員の方々。私の罪は明白であります」（佐々木孝丸訳）

これは主人公、ジュリアン・ソレルが裁判で述べる最後の言葉だ。彼は二十分間しゃべり続けて胸のなかに鬱積していたものを吐き出した。愛した女性を殺そうとして失敗したのに、死刑に処せられる二十三歳の青年。革命とか政治とか思想のためにではなく、出世の野望の向こうに上流階級の女性との恋があり、そして成功しながら、自らそれを捨てて断頭台に上がるのだ。私は最初、スタンダールがこの小説で何が言いたかったのかよくわからなかったが、佐々木孝丸は解説でこう書いていた。

「心理解剖に秀でたスタンダアルは一体何を書いているか？　一言で尽くせば、闘争的な情熱を、である。愛情と憎悪の渦巻である。しかもそれら二つともが、人力でなし得る限りの最高温度で沸騰している」

最高温度で沸騰した愛情と憎悪……。その後、四十歳を過ぎて再読したとき、なんとなくわかったような気がした。佐々木は解説でスタンダールが『赤と黒』を書くに至る経緯や、文壇での評価を書いている。スタンダールがこれを書いたのが一八三〇年、四十七歳のとき。ナポレオンに憧れて軍人になったが、そのナポレオンが失脚し、彼の人生も不遇になる。その後パリに出て社交界へ出入りし、『恋愛論』などを発表するが、あまり評判にはならず冷遇され続けた。やがて元神学校生徒が起こした恋愛の果ての殺人未遂事件があり、それを元にして『赤と黒』を書いた（そもそもタイトルの『赤と黒』とは、赤が軍服、黒が僧侶の色。貧しい青年が野心を達成するには、まず軍人になるか僧侶になるかしかなかった）。当時はこれも評判にはならなかったが、挫折した青年の心情に、スタンダール自身の鬱屈した人生が一気に投影されたのだ。スタンダールが言いたかったことを私なりに理解すると、それは佐々木の言う愛憎の沸騰によって闘争的な情熱が、男女の葛藤や心理や、属する社会的階級の壁をも越えてしまうということだ。フランス革命後の十九世紀初頭のヨーロッパでナポレオン失脚後に王政復古が起こり、政治批判を込めてこの『赤と黒』を書いた自由主義者・スタンダール。佐々木は解説で、ポール・ブルジェが『赤と黒』の書かれた三年後、スタンダール研究の論文に書いたことを紹介している。それは即ち、近代文学における最も著しい二つの特徴を最初に表明したのはスタンダールであり、その二つの特徴とは心理的な〝解剖精神〟と〝超国境精神〟である、としている。ジュリアンの野心に燃えた心理描写はそれまでの小説にはなかった特筆すべきものであり、また国境や階級こそが人々を苦しめる差別的で不寛容な精神だということを、スタンダールは後世に伝えたのだ。私の目から鱗が落ちた。この精神もまた、時代を越えて普遍的である。

小説のラスト、ジュリアン・ソレルの首と遺骸は恋人・マチルドの手で葬られた。そしてジュリアンを深く愛する市長夫人・レーナル夫人はジュリアンとの約束を忠実に守り、少しも自らの命を縮めるような手段は求めなかった。

「しかし、ジュリアンが死んでから三日目に、彼女は自分の子供たちを掻き抱きながら死んでいった」

私は今でも『赤と黒』を読むと、若いころ、デモに行く前に友人が言ったひとことを思い出す。彼女は右手を突き上げてこう言うのだ。

「いざ闘わん　恋と革命！」

あとがき

敗北を抱きしめて

昭和三十四年（一九五九年）八月、十歳の私は四国の田舎から姉と東京へ遊びに行った。新宿・若松町の親戚の家の屋上からすぐ北に早稲田の森が見え、南東には東京タワーが意外と近くに見えた。おばさんと路面電車で神楽坂や新宿まで買い物に行き、ディズニー映画『ピノキオ』を見た。一番下のおじさんは早稲田の学生で、私たち姉妹や従妹弟たちを愛車のトヨペットに乗せて東京タワーや皇居、上野動物園などに連れて行ってくれた。浅草花やしき遊園地で遊び、数寄屋橋近くの不二家でチョコレートパフェを食べた。有楽町のデパートではフランク永井の「有楽町で逢いましょう」を聞きながらあふれる品々に目を見張った。なかでも田舎の少女が最も驚いたのは、私たちの乗った路面電車やトヨペットを追い越すのはトラックばかりで、東京のどこもかしこも道路工事中だったことだ。人と道路工事の多さに仰天したが、普請中の東京の活気は日本の未来への希望に満ちあふれていた。私は夏休みの宿題に作文「私の東京日記」を書き、作文コンクールで優秀賞をもらった。今にして思えば、毎日が楽しかった十歳のときが、私の人生の絶頂期だった。

中学生のときにはベトナム戦争が始まり、ケネディ大統領が暗殺され、高校のときに中国の文化大革命が起こった。暴力が渦巻く二十世紀の謎を解くには、受験勉強そっちのけで片っ端から本を読むしかなかった。そのせいで（?）私は目指した大学には入れず、上京しても独りであっちうろうろ、こっちうろうろ。このころの東京には、学生運動の混乱で休学や退学したままの若者がいっぱいいた。時代のせいにするわけではないが、ベトナム反戦から生まれたヒッピー文化が日本にもやってきて、空虚で怠惰で浮遊した時代の空気がなんとなく広がっていた。十歳のときにおばさんと買い物に来た新宿駅前あたりは、その風景が一変していた。アジ演説する学生のそばでフーテンがシンナーを吸って踊っているのを見て、フォークゲリラが機動隊に向かって叫ぶ「国家の犬、帰れ！」コールを地下広場の群衆の渦のなかで虚ろに聞き、紀伊國屋書店の前で拾った新聞で三億円事件を知った。同じころに連続射殺事件を起こしたNは、私と同じ十九歳だった。東大安田講堂攻防戦をテレビで見て仰天し、七〇年代になっても重苦しい暗雲は消えず、よど号ハイジャック事件でこれまた仰天し、たしかビートルズが解散した年の秋、下宿に帰って夕刊を見ると、一面に三島由紀夫の首が落ちた写真が載っていた。あさま山荘事件では、無言でテレビ中継にかじりついた。

あれから四十数年経って、私のような者でも戦後生まれとして忸怩たる思いがある。東日本大震災、とくに福島第一原発事故を「第二の敗戦」と誰かが言ったことが頭から離れない。団塊世代だからというわけではないが、私はこの歳になるまで、みんなで一緒に歌う「君が代」も「インターナショナル」も、口のなかでもごもごするだけで満足に歌ったことはない。君が代に感動した覚えはないが、映画『スパイ・ゾルゲ』（篠田正浩監督、平成十五年、東宝）で、ゾルゲと尾崎秀実を象徴する曲としてインターナショナルが使われていたのは印象的だった。ギター演奏のインターナショナルは心を揺さぶられ、哀しく響いた。そのアイデアは武満徹に教えられたと、篠田はパンフレットで語っている。

考えてみればインターナショナルは元来、けっして哀しい歌ではない。むしろ逆で、民衆が勇気と個人の尊厳を喚起して心を高揚させ、自由と解放、民主主義を希求する歌だった。今、世界は良きにつけ悪しきにつけつながっているという意味でも、再びインターナショナルを歌ってみるのもいいかもしれない。デモや集会など、それを歌うのにふさわしいシチュエーションでなくても、一人で（いや、もしかしたら誰かと）、日本語歌詞の意味をかみしめて、つぶやくように、敗北を抱きしめて、そして希望を持って……。

たしかに人生はせつない。すべては人との出会いで始まった人生。魅了されて、飛び込んで、闘って、否定して、壊して、負けて、逃げて、またやり直す。泣いたり笑ったり、いいこともそうでないこともいろいろあるけど、悲劇とも喜劇ともつかない、まるでチェーホフの戯曲『かもめ』。若いころ左翼に傾倒していた太宰治は、やがてチェーホフに深く共感し、『桜の園』や『かもめ』をヒントに小説『斜陽』を書いた。そのなかでかず子が上原につけたニックネームの「M・C」とは、「マイ・チェホフ」ではなくマイ・チャイルド」であり「マイ・コメディアン」だった。

ん？　待てよ、コメディアン……。そうだ、思い出した。佐々木が大正十二年春に有島武郎から「君にはコメディアンの素質がある。真剣に芝居をやってみませんか」と〝真面目に言葉をかけられた〟

ことだ。有島が言ったその〝コメディアン〟が私はずっと気になっていたのだが、ここで急に閃いた。『かもめ』は日本では大正十一年に有楽座で初演され、主役のニーナは初代・水谷八重子が演じたと記録に残っている。有島はそれを観たのではないかと思い、有島武郎著『最後の日記』（昭和三年、改造社）をもう一度調べたら、大正十一年七月七日に『かもめ』を観たことが記されていた。

「（略）有楽座へと急ぐ。研究座のチェホフ試演があるからだ。『鷗』というものと、もう一つ若い時の作品というのが演ぜられた。私はチェホフのものを見るのは今日がはじめてである」

ああやっぱり、有島は『かもめ』を観ていた。

チェーホフはこの世の中をコメディであると捉えた。皮肉屋らしい見方だが、そこにチェーホフ文学の本質がある。有島の言ったコメディアンとは単なる喜劇役者ではなく、人間の悲哀を喜劇として演じることのできる俳優、という深い意味があった。有島は若い佐々木に、優れた俳優としての素質を見抜いたのだ。チェーホフから見れば、人は皆、美しい湖に引き寄せられて漂う鷗。夢を抱いても叶えられることはないのに飛び続け、ときには撃ち落とされる。それなのに希望を捨てられず、傷ついてもまた飛び立とうとする生きもの。チェーホフの手にかかれば、挫折さえも観客には滑稽に映ってしまう。要するに人の生き様はドタバタ喜劇。勝者の栄光も敗北者の逃走も、べつにどうってことはない。幸・不幸も紙一重。点が線になり、謎は解けた。

どくろ仮面の正体は、再び飛び立つ鷗だった。

この五年間が充実した日々だったのは、怪優の奥深い魅力のおかげである。彼は戦後、どんな思いでひたすら悪役・脇役を演じ続けたのか、それを考えながら、ひとまず筆を置いて頭を冷やすことにする。

真教寺の佐々木寿子さん、佐々木チヱ子さん、香川エスペラント会の小阪清行さん、三好鋭郎さん、そのほか多くの方々から貴重なご教示をいただいた。ありがとうございました。そして帯には仲代達矢さんの言葉をいただくことができ、光栄に思っています。

今回も優秀な編集者に支えられ、本書を出版することができた。現代書館の方々、とくに下河辺明子さんに深く感謝します。

二〇一六年九月

砂古口早苗

主要参考文献

『風雪新劇志：わが半生の記』佐々木孝丸著／現代社／一九五九年
『秋田雨雀日記』第一巻・第二巻／秋田雨雀著・尾崎宏次編／未来社／一九六五年
『雨雀自伝』秋田雨雀著／新評論社／一九五三年
『新劇の山脈』松本克平著／朝日書林／一九九一年
『八月に乾杯：松本克平新劇自伝』松本克平著／弘隆社／一九八六年
『私の古本大学：新劇人の読書彷徨』松本克平著／青英舎／一九八一年
『日本社会主義演劇史：明治大正篇』松本克平著／筑摩書房／一九七五年
『わが青春の薔薇座』千秋実・佐々木踏絵著／リヨン社／一九八九年
『新劇の40年』民主評論編集部／民主評論社／一九四九年
『フロンティアの文学：雑誌『種蒔く人』の再検討』『種蒔く人』『文芸戦線』を読む会編／論創社／二〇〇五年
『戦後演劇：新劇はのりこえられたか』菅孝行著／朝日新聞社／一九八一年
『演劇的自叙伝』2、3／村山知義著／東邦出版社／2：一九七一年／3：一九七四年
『暴力団記』「日本プロレタリア傑作選集」／村山知義著／日本評論社／一九三〇年
『新劇の再建』村山知義著／弘文社／一九四七年
『もうひとつの新劇史：千田是也自伝』千田是也著／筑摩書房／一九七五年
『劇白千田是也』千田是也・藤田富士男著／オリジン出版センター／一九九五年

『芝居入門』小山内薫著・北村喜八補／岩波新書／一九三九年
『女優原泉子：中野重治と共に生きて』藤森節子著／新潮社／一九九四年
『貝のうた』沢村貞子著／暮しの手帖社／一九七八年
『女優一代』水谷八重子著／読売新聞社／一九六六年
『黙移』相馬黒光著／女性時代社／一九三六年
『新宿中村屋 相馬黒光』宇佐美承著／集英社／一九九七年
『労働歌・革命歌物語』絲屋寿雄著／青木新書／一九七〇年
『ザメンホフ：エスペラントの父』伊東三郎著／岩波新書／一九五〇年
『エスペラント：異端の言語』田中克彦著／岩波新書／二〇〇七年
『反体制エスペラント運動史』大島義夫・宮本正男著／三省堂ブックス／一九七四年
『回想のプロレタリア演劇』宅昌一著／未来社／一九八三年
『日本演劇全史』河竹繁俊著／岩波書店／一九五九年
『共同研究 転向』中巻 思想の科学研究会編／平凡社／一九六〇年
『私の映画人生』山本薩夫著／新日本出版社／一九八四年
『あたたかい人』高杉一郎著・大田哲男編／みすず書房／二〇〇九年

佐々木孝丸年譜

元号	西暦	年齢	出来事
明治31年	一八九八年	0歳	一月三十日、僧侶の父・佐々木諦薫の三男として、現在の北道川上郡標茶町で生まれる。
明治37年	一九〇四年	6歳	秋に、父の郷里・香川県端岡村（現在の高松市国分寺町）の実家・真教寺に帰る。翌年、尋常小学校へ入学。三年後、実母と死別。継母が来る。
明治45年 大正元年	一九一二年	14歳	高等小学校卒業後、京都の真宗本山東山興正寺で真宗学を学ぶが約一年で帰郷。隣村の叔父の寺・専光寺へ修行にやられる。
大正2年	一九一三年	15歳	逓信省通信生に応募し合格。十二月に神戸本局の通信事務員として採用。このころから「大日本文学会」購読の仲間らと「神戸文学会」を作る。翌年、神戸の多聞座で島村抱月の芸術座公演があり、松井須磨子の舞台を観劇。新劇に出会い感銘を受ける。
大正5年	一九一六年	18歳	十二月に神戸郵便局電信課を辞めて上京を決心。
大正6年	一九一七年	19歳	年明け早々上京。赤坂葵町電信局に勤務の傍ら、フランス語を学ぶ。ロシア革命起きる。
大正7年	一九一八年	20歳	高知出身の女性、幸恵と結婚。生涯の師となる劇作家の秋田雨雀と出会う。秋田の自宅に近い雑司ケ谷の鬼子母神近くに住む。八月、米騒動が起きる。十一月、島村抱月死去。
大正8年	一九一九年	21歳	春、長女文枝（のちに踏絵）誕生。このころからエスペラント語を学ぶ。
大正9年	一九二〇年	22歳	春、脚本朗読会「土の会」に参加。三月、ミュッセ著『二人の愛人』を翻訳（新潮社「ウエルテル叢書」）。翻訳者として処女出版となる。八月、日本社会主義同盟が結成され入会（翌年解散）。
大正10年	一九二一年	23歳	出版を機に電信局を辞める。シェンキウイッチ著『大洪水』を翻訳（新潮社）。「フランス同好会」に入会。外務省の小牧近江を知る。五月、日本で第二回メーデーが開催されデモ行進に参加。十月、小牧を中心に金子洋文、柳瀬正夢らと雑誌『種蒔く人』（第二次）を創刊するが発売禁止となる。雑司ケ谷から代々木の借家に引っ越す。

大正11年	一九二二年	24歳	正月号『種蒔く人』四号が発禁。三月、種蒔き社の文芸講演会と芝居が警察署から禁止命令。八月、ロシア飢餓救済文芸講演会と芝居を秋田県で開催。こののち長男が生まれるも九か月で夭逝。九月、足助素一の出版社・叢文閣に勤務。作家の有島武郎に出会う。秋、革命歌「インターナショナル」を翻訳する。十一月、ロシア革命記念日集会でインターナショナルを披露する予定が当局によって中止。スタンダール著『赤と黒』を翻訳（新潮社）する（昭和五年に改訂版を出版）。
大正12年	一九二三年	25歳	中村屋の屋敷の土蔵を「土蔵劇場」とする。土の会で劇団「先駆座」を結成。四月、土蔵劇場開催。先駆座第一回公演。芝居を観た有島武郎から促され演劇の道にのめり込む。五月、アンリ・バルビュス著『クラルテ』を小牧近江と共訳（叢文閣）。六月、有島武郎と編集者の波多野秋子が情死。九月、関東大震災。土蔵劇場が被災。『種蒔く人』廃刊。秋田らと共著『自由　エスペラント講義録』出版（日本エスペラント文化学会）。
大正13年	一九二四年	26歳	春、先駆座第二回公演。五月、『種蒔く人』の続編として新雑誌『文藝戦線』創刊（一時休止をはさみ昭和四年まで発行）。六月、小山内薫と土方与志が「築地小劇場」創設（新劇のメンバーが自分たちの劇場と劇団を持った歴史的な出来事）。
大正14年	一九二五年	27歳	五月、先駆座第三回公演。村山知義に出会う。十二月、「日本プロレタリア文芸聯盟」（プロ聯）創立大会開催。治安維持法制定。佐野学主筆『無産者新聞』創刊。
大正15年 昭和元年	一九二六年	28歳	一月、共同印刷労働争議勃発。争議団幹部の徳永直から依頼を受け、二月、先駆座から移動演劇「トランク劇場」を創設出動。これが新劇と労働運動が結びつきプロレタリア演劇となった歴史的出発点となる。叢文閣を退社。その後籍を置いたアルス編集部も退社。トランク劇場から発展したプロレタリア劇団「前衛座」を創立し千田是也が参加。同時に「マルクス主義芸術研究会」（マル芸）メンバー林房雄、中野重治、佐野碩、久板栄二郎らを知る。十月、プロ聯と『無産者新聞』主催「無産者の夕」が開催。『世界童話大系』第九巻で翻訳（同書刊行会）。五月、マルチネ著『夜』を翻訳（金星堂）。十二月、前衛座第一回公演。この直後、プロ聯が組織改編し「日本プロレタリア芸術聯盟」（プロ芸）に名称を変更。暮れ、千駄ヶ谷の邸宅を借り「前衛座演劇研究所」とし、佐々木一家が高円寺から引っ越す。

昭和2年	一九二七年	29歳	一月、前衛座演劇研究所開所。五月、千田是也がドイツに遊学。このころ、共産党の福本和夫が提唱する福本イズム（共産党再建重視派）がプロ芸や団員に蔓延。六月、プロ芸と「労農芸術家連盟」（労芸）に分裂。佐々木は労芸の委員長に就任。前衛座と『文藝戦線』は労芸に属し、プロ芸は劇団「プロレタリア劇場」と機関誌『プロレタリア芸術』を作り対立。六月、前衛座新潟公演。その後千駄ヶ谷から高円寺へ引っ越し労芸本部と前衛座事務所を兼ねる。九月、大阪で前衛座公演直後に警察が踏み込み天満署で二十九日間拘留される。十一月、労芸が分裂。佐々木は「前衛芸術家同盟」（前芸）結成。前衛座は前衛劇場とする。前芸の機関誌『前衛』発行。高円寺から上落合へ引っ越し前芸と前衛劇場事務所を兼ねる。小説『山嶽党』を落合三郎のペンネームで執筆。一月にジョン・クレランド著『ファンニー・ヒル』を翻訳（文芸資料研究会）するも発禁本処分を受ける。
昭和3年	一九二八年	30歳	一月および三月、前衛劇場公演。普通選挙法成立により初の総選挙実施。佐々木は労農党（三年後に解散）に入党。四月、前芸がプロ芸と合体し「全日本無産者芸術聯盟」（ナップ）設立。機関誌『戦旗』が創刊され、劇団名を「左翼劇場」とする。五月、愛宕署の特高に拘引され市谷刑務所へ二十九日間拘留。六月、満期出所。拘留中、同じ上落合の村山知義の家の近くに引っ越す。十二月、「日本プロレタリア演劇同盟」（プロット）結成。暮れ、小山内薫が急逝。
昭和4年	一九二九年	31歳	一月、左翼劇場は築地小劇場でプロット結成記念公演。三月、小山内薫の死去で築地小劇場が分裂、「新築地劇団」と「劇団築地小劇場」が設立。佐々木は左翼劇場と新築地劇団の二重所属。五月、新築地劇団旗揚げ公演。六月二十七日から七日間、左翼劇場公演、村山知義『全線』（『暴力団記』改め）での役が悪役・佐々木孝丸の原点となる。七月、新築地劇団公演。ブレハーノフ著『ロシア階級闘争史概説』翻訳（白楊社）。
昭和5年	一九三〇年	32歳	一月、若手歌舞伎俳優が結成した「大衆座」に書いた『筑波秘録』が上演。作・落合三郎、演出・香川晋（どちらも佐々木のペンネーム）。二月、左翼劇場公演。同月、新築地劇団公演。四月、新築地劇団のための戯曲『慶安太平記後日譚』を書き上演。十月および十二月、左翼劇場公演。『朝日新聞』に小説「染色体」連載。スタンダール著『赤と黒』改訳（新潮社）。マルチネ著『夜』翻訳（平凡社）。印税が入り放蕩したのが原因でナップ中央協議員・プロット中央委員長を罷免、左翼劇場の平劇団員に降格。上落合から麴町隼町に引っ越す。

昭和6年	一九三一年	33歳	三月から四月、左翼劇場公演。六月、九州・博多で公演の際、主催の玉井勝則（火野葦平）に出会う。ナップとして関西へ講演し大阪天王寺公会堂での講演が当局に中止され検束（翌日釈放）。十一月、ナップが解消され「日本プロレタリア文化連盟」（コップ）結成。このころから徐々に、合法的芸術運動だったプロレタリア演劇は共産党の非合法的政治運動に隷属させられていく。当局の左翼への弾圧強化。六月、『現代日本文学全集　プロレタリア文学集』に林房雄、小林多喜二、中野重治らと落合三郎の名前で『染色体』が掲載（改造社）。
昭和7年	一九三二年	34歳	満洲国建国。五・一五事件。印税が入らず困窮。麴町隼町から吉祥寺へ引っ越す。このころから大宅壮一と親交を持つ。
昭和8年	一九三三年	35歳	二月、小林多喜二が拷問を受け死亡。三月十五日、葬儀が労農葬として築地小劇場で執りおこなわれる。
昭和9年	一九三四年	36歳	左翼劇場を「中央劇場」と改名。五月、中央劇場第一回公演。七月、プロット解散。村山知義「新劇大同団結論」が提唱され、新劇界は「新協劇団」「（第二次）新築地劇団」「文学座」に分かれる。佐々木は村山知義と袂を別ち、九月から昭和十五年八月まで千田是也らと新築地劇団に籍を置く。『文藝戦線』廃刊。
昭和11年	一九三六年	38歳	新築地劇団が劇団付属研究所を設立。娘・佐々木踏絵やのちに踏絵の夫になる千秋実が所属。佐々木は千田是也の提唱する劇団組織改編システムに違和感を持ち、正劇団員を辞め文芸顧問という閑職に身を置く。
昭和13年	一九三八年	40歳	一月、父・諦薫が赴任先の長崎で重篤との報を受け、長崎医大で約一カ月間、病床に付き添う。二月、父・佐々木諦薫死去。五月、千秋実ら若手芸団員が千田システムに反発して新築地劇団を脱退し、劇団「五月座」を創設。佐々木は指導に当たるほか、前進座や新国劇の演出を手掛ける。国家総動員法成立。
昭和15年	一九四〇年	42歳	杉並区大宮前に引っ越す。春、大阪で新国劇と前進座を演出。八月、特高に逮捕・拘引され、杉並署で拘留。当局による戦時体制強化のため、新協劇団と新築地劇団は強制解散となり、非共産党員の劇団員も含め治安維持法違反として一斉検挙。佐々木は手記（転向声明）を書かされ保釈。築地小劇場は「国民新劇場」と改名。文学座の岸田國士が大政翼賛会文化部長に就任。新劇はこれ以後終戦まで国策劇中心となる。

昭和16年	一九四一年	43歳	六月、大政翼賛会大会議室で日本移動演劇連盟が結成。委員長に岸田國士（戦後、解体）。前進座創立十周年記念公演を演出。
昭和17年	一九四二年	44歳	海軍慰問向けの移動演劇活動を続ける。千秋実、樺太から帰国し除隊後、娘の踏絵と結婚。十月、前進座公演を演出。十二月、新国劇公演を演出。
昭和19年	一九四四年	46歳	大劇場閉鎖（歌舞伎座、新橋演舞場、日劇、帝劇、東劇、有楽座、明治座、浅草国際劇場など）。千田是也ら「俳優座」結成。
昭和20年	一九四五年	47歳	五月二十五日空襲で同居していた千秋実一家ともども杉並区西永福町の家を焼け出される。八月十五日、敗戦。佐々木は西永福駅近くの移動劇団事務所で玉音放送を聞いたとしている。食糧難で孝丸夫婦は神奈川県久里浜に一時転居。十一月、前進座公演を演出。ＧＨＱの検閲を受ける。
昭和21年	一九四六年	48歳	一月、娘婿の千秋実が〝書き下ろし創作劇、新しい現代劇〟を標榜する劇団「薔薇座」を旗揚げ。
昭和22年	一九四七年	49歳	一月、薔薇座第三回公演を演出。十月、薔薇座第四回公演を演出。
昭和23年	一九四八年	50歳	五月、薔薇座第五回公演を演出。新国劇公演を演出。九月、舞台芸術学院が開設され初代学長に秋田雨雀、佐々木も講師として参加。十一月、薔薇座第七回公演を演出。
昭和24年	一九四九年	51歳	三月、薔薇座第八回公演、佐々木孝丸作『長崎の鐘』。七月、薔薇座第九回公演を演出。八月、薔薇座第十回公演を演出。この公演を最後に薔薇座は資金難で解散。千秋実、十月公開の黒澤明監督映画『野良犬』にて映画デビュー。
昭和25年	一九五〇年	52歳	二月、映画『暴力の街』に暴力団組長・狩野の役で出演し、映画デビュー。ほかに『東京の門』『三悪人と赤ん坊』『浪人街』に出演。
昭和26年	一九五一年	53歳	映画『赤道祭』『深夜の非常線』『飛騨の小天狗』に出演
昭和27年	一九五二年	54歳	映画『四十八人目の男』『思春期』『七色の街』『激流』『上海の女』『街の小天狗』『黎明八月十五日』に出演。

昭和28年	一九五三年	55歳	映画『江戸っ子判官』『残侠の港』『わが恋はリラの木蔭に』『モンテンルパ　望郷の歌』『晴れ姿　伊豆の佐太郎』『お祭り半次郎』『戦艦大和』『姫君と浪人』『悲劇の将軍　山下奉文』『太平洋の鷲』に出演。
昭和29年	一九五四年	56歳	映画『花と竜　第一部、第二部』『叛乱』『大岡政談・妖棋伝　前編・後編』『若き日の啄木　雲は天才である』『新鞍馬天狗　東寺の決闘』『二挺拳銃の龍』『悪魔が来りて笛を吹く』『忠治外伝　火の車お万』『日本敗れず』『かくて自由の鐘は鳴る』『密輸船』『母の秘密』に出演。
昭和30年	一九五五年	57歳	映画『隼の魔王』『身代り紋三　地獄屋敷』『海の小扇太』『長脇差大名』『飛燕空手打ち』『疾風の晴太郎』『弓張月』『たけくらべ』『風雪講道館』『荒獅子判官』『長崎の夜』『愛の歴史』『旗本退屈男　謎の伏魔殿』に出演。
昭和31年	一九五六年	58歳	映画『宮本武蔵　決闘巌流島』『薔薇の紘道館』『柳生連也斎　秘伝月影抄』『電光空手打ち』『拳銃対拳銃』『鞍馬天狗　御用盗異変』『まらそん侍』『復讐侠艶録』『夕日と拳銃』『三つ首塔』『暴力の王者』『怒れ！力道山』『恐怖の空中殺人』『あなた買います』に出演。
昭和32年	一九五七年	59歳	映画『蜘蛛巣城』『雨の花笠』『隼人族の叛乱』『真昼の対決』『血まみれの決闘』『源氏九郎颯爽記　濡れ髪二刀流』『三十六人の乗客』『女だけの街』『素浪人忠弥』『朝晴れ鷹』『竜虎捕物陣一番手柄　百萬両秘面』『竜虎捕物陣二番手柄　疾風白狐党』『地獄花』に出演。十月、かつての演劇仲間（久板栄二郎、土方与志、薄田研二、北村喜八ら）が集まって還暦祝い（かぞえ年）の宴を開く。ほかに小牧近江、村松正俊、松本弘二ら『文藝戦線』の同人らも集う。
昭和33年	一九五八年	60歳	映画『おけさ姉妹』『重役の椅子』『怪猫からくり天井』『不敵なる反抗』『変幻胡蝶の雨　月の輪族の逆襲』『月光仮面』『月光仮面・第二部　絶海の死斗』『神変麝香猫』『森と湖のまつり』『女王蜂の怒り』『波止場がらす』に出演。
昭和34年	一九五九年	61歳	映画『大東亜戦争と国際裁判』『独眼竜政宗』『影法師捕物帖』『水戸黄門　天下の副将軍』『若き日の信長』『月光仮面・第五部　幽霊党の逆襲』『伊達騒動　風雲六十二万石』『べらんめえ探偵娘』『貴族の階段』『べらんめえ芸者』『婦系図　湯島に散る花』『人間の條件　第一部』に出演。自伝『風雪新劇志』刊行（現代社）。

昭和35年	一九六〇年	62歳	映画『皇室と戦争とわが民族』『電送人間』『黒い画集　あるサラリーマンの証言』『波の塔』『血は渇いている』『大草原の渡り鳥』『非情都市』『ガス人間第一号』に出演。一月、火野葦平死去（後年、自殺と判明）。
昭和36年	一九六一年	63歳	映画『魚河岸の女石松』『花のお江戸のやくざ姫』『八人目の敵』『妻あり子あり友ありて』『丹下左膳　濡れ燕一刀流』『花と嵐とギャング』『豪快千両槍』『甘い夜の果て』『悪の華』『不敵なる脱出』『新黄金孔雀城　七人の騎士』に出演。
昭和37年	一九六二年	64歳	映画『妖星ゴラス』『天草四郎時貞』『さすらい』『やくざの勲章』『宮本武蔵　般若坂の決斗』『秦・始皇帝』『渡り鳥北へ帰る』『太平洋のGメン』『雲に向かって起つ』に出演。五月、秋田雨雀が死去。
昭和38年	一九六三年	65歳	映画『丹下左膳』『巨人　大隈重信』『七人の刑事』『人生劇場　続・飛車角』『この首一万石』『べらんめえ芸者と丁稚社長』『柳生武芸帳　剣豪乱れ雲』『五人のあばれ者』『太陽は呼んでいる』に出演。十一月、日生劇場柿落し『ものみな歌でおわる』（原作・花田清輝、演出・千田是也、主演・水谷八重子・仲代達矢）に出演。佐々木の役名は不明。おそらく旧知の千田や主演の水谷の要請で出演したと思われる。これ以外、佐々木の舞台出演は不明。
昭和39年	一九六四年	66歳	映画『眠狂四郎　円月斬り』『殺られてたまるか』『日本名勝負物語　講道館の鷲』『宿無し犬』『恐怖の時間』に出演。
昭和40年	一九六五年	67歳	映画『怪獣大戦争』『黒い猫』『新鞍馬天狗』『顔役』『姿三四郎』『海の若大将』『陽のあたる椅子』『暗黒街全滅作戦』『けものみち』に出演。
昭和41年	一九六六年	68歳	映画『ボスは俺の拳銃で』『新・事件記者　大都会の罠』『忍びの者　新・霧隠才蔵』『男の紋章　竜虎無情』『日本一のゴリガン男』『日本任侠伝　花の渡世人』に出演。
昭和42年	一九六七年	69歳	映画『上意討ち　拝領妻始末』『智恵子抄』『夜の縄張り』『若親分を消せ』『東京市街戦』『拳銃《コルト》は俺のパスポート』に出演。

昭和43年	一九六八年	70歳	映画『博奕打ち　総長賭博』『日本暗黒史　情無用』『産業スパイ』『牡丹燈籠』『首』に出演。
昭和44年	一九六九年	71歳	映画『日本海大海戦』『関東おんなド根性』『日本暴力団　組長』『あらくれ』『広域暴力　流血の縄張』『新網走番外地　流人岬の血斗』に出演。
昭和45年	一九七〇年	72歳	映画『激動の昭和史　軍閥』『日本一のワルノリ男』『不良番長　一獲千金』『美空ひばり・森進一の花と涙と炎』『橋のない川　第二部』に出演。
昭和46年	一九七一年	73歳	映画『関東破門状』『新座頭市　破れ！唐人剣』に出演。この年、日本俳優連合の理事長に徳川夢声の後任として選任される（昭和五十七年まで。後任は森繁久弥）。
昭和48年	一九七三年	75歳	映画『しなの川』『王将』に出演。
昭和49年	一九七四年	76歳	映画『必殺仕事人・春雪仕掛針』『華麗なる一族』に出演。
昭和51年	一九七六年	78歳	映画『十六歳の戦争』『反逆の旅』に出演。
昭和52年	一九七七年	79歳	三月、村山知義が死去。
昭和53年	一九七八年	80歳	エスペラント語小冊子『私の隠された生涯』刊行（朝明書房）。
昭和58年	一九八三年	85歳	映画『小説吉田学校』に出演（最後の映画出演）。
昭和61年	一九八六年	88歳	十二月二十六日、心不全のため東京都世田谷区の自宅で死去。

（※出演映画はその年の主なものです。テレビ出演は除外しました。）

砂古口早苗（さこぐち・さなえ）

ノンフィクション作家。

一九四九年、香川県善通寺市生まれ。

新聞・雑誌にルポやエッセーの寄稿記事多数。最近は宮武外骨研究者としても活躍。母方の曾祖父が外骨と従兄弟にあたる。

著書『外骨みたいに生きてみたい』『ブギの女王・笠置シヅ子』（ともに現代書館）

昭和34年8月、東京タワーを見上げる著者

起《た》て、飢《う》えたる者《もの》よ〈インターナショナル〉を
訳詞《やくし》した怪優《かいゆう》・佐々木《ささき》孝丸《たかまる》

二〇一六年十一月十日　第一版第一刷発行

著　者　砂古口早苗
発行者　菊地泰博
発行所　株式会社 現代書館
東京都千代田区飯田橋三―二―五
郵便番号　102-0072
電　話　03（3221）1321
F A X　03（3262）5906
振　替　00120-3-83725
組　版　具羅夢
印刷所　平河工業社（本文）
東光印刷所（カバー）
製本所　積信堂
装　幀　伊藤滋章

校正協力・迎田睦子
 ISBN978-4-7684-5792-4
定価はカバーに表示してあります。乱丁、落丁本はおとりかえいたします。
http://www.gendaishokan.co.jp/